MESUREMENT OF TRADE'S CONTRIBUTION TO GDP:
An Input-Output Analysis

# 贸易GDP贡献的测度方法及应用研究
## ——基于投入产出分析

曾　慧／著

中国财经出版传媒集团
经济科学出版社
Economic Science Press

**图书在版编目（CIP）数据**

贸易GDP贡献的测度方法及应用研究：基于投入产出分析/曾慧著.—北京：经济科学出版社，2019.10

ISBN 978－7－5218－0837－7

Ⅰ.①贸…　Ⅱ.①曾…　Ⅲ.①GDP增长－投入产出分析－中国　Ⅳ.①F124.7 ②F223

中国版本图书馆CIP数据核字（2019）第189393号

责任编辑：崔新艳
责任校对：王肖楠
责任印制：李　鹏

**贸易GDP贡献的测度方法及应用研究**
——基于投入产出分析
曾　慧/著
经济科学出版社出版、发行　新华书店经销
社址：北京市海淀区阜成路甲28号　邮编：100142
经管中心电话：010－88191335　发行部电话：010－88191522
网址：www.esp.com.cn
电子邮件：espcxy@126.com
天猫网店：经济科学出版社旗舰店
网址：http://jjkxcbs.tmall.com
北京季蜂印刷有限公司印装
880×1230　32开　7印张　180000字
2019年10月第1版　2019年10月第1次印刷
ISBN 978－7－5218－0837－7　定价：35.00元

## 本书获得以下资助

国家统计局2012投入产出研究课题（I012－ZC55）

浙江省2012年投入产出模型应用研究课题

浙江省统计局2017年学术类重点研究课题

浙江省一流学科A类（浙江工商大学统计学）

# 前言

PREFACE

在经济全球化和一体化背景下，贸易对经济的影响备受关注，因此，研究贸易对 GDP 贡献的测度方法，并开展实际的定量测度有着重要的理论和现实意义。本书是对笔者主持完成的国家统计局 2012 投入产出研究课题“对外贸易对中国经济影响力的变化研究（I012 - ZC55）”、浙江省统计局 2012 年投入产出模型应用课题“外贸对浙江经济增长贡献的定量分析”以及浙江省统计局 2017 年学术类重点研究课题“基于地区非竞争型投入产出表的浙江省服务贸易增加值核算研究”等相关课题的研究总结和进一步拓展。

贸易与增长关系的讨论一直是学术界研究的焦点问题。现有研究多数是基于计量分析方法对“贸易是否影响经济增长”问题进行实证检验，无法对影响力的大小进行定量测度，无法反映贸易对 GDP 贡献的动态变化，无法准确地计算、分析和比较部门贸易的 GDP 贡献，更无法对贸易结构的合理性进行判断。

基于现有研究的不足与盲区，本书从投入产出分析视角厘清贸易影响经济的作用机制，探究贸易 GDP 贡献的测度方法，开展贸易对中国GDP贡献的实际测算，并将贸易之于GDP贡献的测算框架拓展应用于服务贸易之于浙江省GDP贡献的测度。本书的研究内容主要包括以下三个方面。

（1）非竞争型投入产出表的编制理论与实践。基于投入产出表测度贸易对GDP的贡献，首先需要解决的问题便是如何把进口产品从现有的投入产出表中分离出来，即编制非竞争型投入产出表。在产品的一致性假设下，本书讨论非竞争型投入产出表编制的基本原则和一般步骤，并基于2002年、2007年、2012年投入产出基础表以及2005年、2010年、2015年的投入产出延长表，编制相应年份的中国非竞争型投入产出表以及浙江省的地区非竞争型投入产出表，为后续的贸易GDP贡献测度实践研究提供数据基础。

（2）贸易对中国GDP贡献的测度研究。基于中国非竞争型投入产出表，分别从横向产出（需求）角度和纵向投入（供给）角度分析进口、出口贸易影响增长的作用机制；并根据中国非竞争型投入产出表的纵向、横向关系，探究进口、出口对GDP贡献以及部门进口、出口对GDP贡献的测度方法。进一步，结合中国各年的非竞争型投入产出表数据，对进口、出口贸易以及部门进口、出口贸易之于中国GDP的贡献进行实际的测算。最后，依据贸易GDP贡献的测算结果，为促进我国贸易以及部门贸易发展提出针对性的政策建议。

（3）服务贸易对浙江省GDP贡献的测度研究。首先，对服务贸易进行概念界定，并对浙江省服务贸易发展现状进行描述性统计分析。其次，从横向需求拉动视角分析服务出口之于地区GDP的贡献，从纵向供给推动视角分析服务进口之于地区GDP的贡献，并据此提出服务贸易对地区GDP贡献的测算方法。再次，采用浙江省的地区非竞争型投入产出表开展服务贸易和部门服务贸易GDP贡献的实际测算研究。最后，根据研究结论，提出促进浙江省服务贸易发展、优化浙江省服务贸易结构的政策建议。

本书的理论和实践研究不仅可以丰富贸易与经济关系的理论研究体系，也可以为贸易对GDP贡献测度提供一个一般的测算框架，为促进国家（地区）贸易与经济的和谐发展提供参考。

# CONTENTS 目录

# 第一章　导　　论

## 一、选题背景与研究意义

改革开放以来，我国的对外贸易和经济总量都取得了举世瞩目的成就。1978 年，中国进出口贸易总值仅为 355 亿元，其中出口 168 亿元，进口 187 亿元，贸易逆差为 19 亿元。而据海关总署最新数据显示，2018 年，中国外贸进出口总值突破 30 万亿元，达到了历史最高值 30.51 万亿元。其中，出口 16.42 万亿元，进口 14.09 万亿元，贸易顺差为 2.33 万亿元。40 年间，进出口贸易总值增加了 304745 亿元，年均增量为 7619 亿元，年均增速高达 18.40%。与此同时，据《2018 年国民经济和社会发展统计公报》数据显示，2018 年我国 GDP 初步估算为 900309 亿元，相较于 1978 年，GDP 增加了 896685 亿元，年均增量为 22417 亿元，年均增速高达 14.78%。同期，进出口贸易总量占 GDP 的比重，即贸易依存度也从 9.80% 大幅上升至 33.89%。从贸易依存度来看，我国 GDP 的形成很大程度依赖于国际市场。那么，研究进出口贸易对我国 GDP 的贡献到底有多大、进出口贸易 GDP 贡献的具体部门构成、部门进出口贸易的 GDP 贡献是否存在显著差异等问题就变得非常重要。

当前我国改革开放已进入深层次、全方位开放的新阶段，在对外贸易总量不断创新高之时，开放结构正由货物贸易为主向服务贸易为重点转型。服务贸易成为我国对外贸易的重要增长点，对世界服务贸易增长的贡献率稳步提升。加快发展服务贸易，是我国扩大开放、拓展发展空间的重要着力点。党的十九大报告提出了推进贸易强国建设、扩大服务业对外开放等一系列新目标新任务。作为影响中国经济兴盛的重要沿海省份，伴随改革开放的持续推进，浙江省近年来也逐步聚焦服务领域，各级政府部门高度重视服务贸易的发展，先后出台《浙江省服务贸易发展基地创建办法》《浙江省人民政府办公厅关于加快科技服务业发展的实施意见》《浙江省人民政府办公厅关于鼓励服务外包产业加快发展的实施意见》等政策性文件，推动浙江省服务贸易快速发展。基于此，浙江省服务贸易近年来也取得了长足的发展。2017 年浙江省服务贸易总量达到了 542. 52 亿美元，其中出口 359. 70 亿美元、进口 182. 82 亿美元，在全国服务贸易中的占比为 7. 8%，其中出口占比达到 15. 76%，进口则为 3. 91%。在浙江省服务贸易快速发展之时，研究服务贸易对浙江省经济的影响、定量测度服务贸易之于浙江省 GDP 的贡献、分析服务贸易对浙江省 GDP 贡献的部门差异等问题也变得非常重要。

鉴于此，本书将利用非竞争性投入产出表，从投入和产出视角研究进出口贸易对 GDP 贡献的测度方法，并开展贸易对中国 GDP 贡献以及服务贸易对浙江省 GDP 贡献的测算实践研究。

基于投入和产出视角的进口、出口贸易 GDP 贡献测度理论和方法的研究，可以克服现有贸易影响经济增长分析方法的不足，对于拓展投入产出模型的应用领域具有重要的理论意义。而贸易之于中国 GDP 贡献和服务贸易之于浙江省 GDP 贡献的测度结果，则对于提升进口、出口贸易对于中国 GDP 的贡献、服务贸易对浙江省 GDP 的贡献、改进我国贸易结构以及浙江省服务贸易结构，具有重要的现实意义。

## 二、研究目的与研究思路

本书的研究目的旨在利用投入产出分析，探究贸易贡献 GDP 的作用机制以及测度方法，并开展贸易 GDP 贡献的测算实践，以期为改善贸易结构、提升贸易 GDP 贡献建言献策。

围绕着研究目的，本书的研究思路为：首先，为了纯粹度量国内产品或者服务的 GDP 贡献，按一致性原则探究非竞争型投入产出表的编制方法，并基于现有的中国投入产出表和浙江省投入产出表，开展中国和浙江省非竞争型投入产出表的编制实践工作；其次，基于中国非竞争型投入产出表，分析进口和出口贸易影响中国经济的作用机制、推导进口和出口对中国 GDP 贡献的测度公式，对贸易之于中国 GDP 的贡献开展实际测度，并根据测度结果提出政策建议；再次，基于浙江省非竞争型投入产出表，分析服务贸易进口和服务贸易出口影响浙江省经济的作用机制、推导服务贸易进口和服务贸易出口对浙江省 GDP 贡献的测度公式，对服务贸易之于浙江省 GDP 的贡献开展实际测度，并针对测度结果，提出对策建议。最后，总结研究结论，并提出研究展望。

## 三、研究框架与主要研究内容

基于上述研究目的与研究思路，本书各章内容具体安排如下。

第一章导论。本章首先简要介绍选题背景和研究意义；其次，阐释本书的研究目的和研究思路；最后，对主要研究内容和研究特色进行概述。

第二章相关研究综述。本章首先对贸易影响经济增长的实证研究文献进行归纳和评述；其次，对服务贸易影响经济增长的理论机制和实证检验的国外研究进行评述；最后，总结和分析了国内服务贸易竞争力以及服务贸易影响 GDP 的研究成果。

第三章非竞争型投入产出表的编制理论与实践。本章首先从基本表式、与一般投入产出表的关系两个方面对非竞争型投入产出表进行了简要的概述；其次，在了解中国投入产出表编制概况的基础上，探究中国非竞争型投入产出表的编制思路与方法；再次进一步以 2002 年、2007 年、2012 年中国投入产出基础表和 2005 年、2010 年以及 2015 年中国投入产出延长表为基础，编制相应年份的中国非竞争型投入产出表；最后，讨论地区非竞争型投入产出表的基本表式，并采用 2002 年、2007 年、2012 年浙江省投入产出基础表和 2005 年、2010 年以及 2015 年浙江省投入产出延长表编制相应年份的浙江省非竞争型投入产出表。

第四章贸易对中国 GDP 贡献的测度。本章首先从需求和供给的视角分析进口贸易和出口贸易对经济的可能影响，并提出从需求拉动力和供给推动力分别度量进口贸易和出口贸易之于 GDP 贡献的测算思路；其次，基于非竞争型投入产出表的横向关联探讨贸易出口以及部门贸易出口对 GDP 贡献的测算方法，基于非竞争型投入产出表的纵向关联探讨贸易进口以及部门贸易进口对 GDP 贡献的测算方法；最后，采用中国 2002 年、2005 年、2007 年、2010 年、2012 年和 2015 年的非竞争型投入产出表数据对进出口贸易以及部门进出口贸易之于我国 GDP 的贡献进行实际的测度，并在分析测度结果的基础之上，为提升进口贸易和出口贸易的 GDP 贡献率、为改善进口贸易和出口贸易部门结构建言献策。

第五章服务贸易对浙江省 GDP 贡献的测度。本章首先对服务贸易的概念和部门分类进行界定，并对浙江省服务贸易的总体规模、部门结构以及竞争力做全面的描述性统计分析；其次，分别从供给推动力和需求拉动力角度分析服务贸易进口和出口对 GDP 的贡献，并从地区非竞争型投入产出表纵向供给关系推导服务贸易进口以及部门服务贸易进口产生的 GDP，从地区非竞争型投入产出表横向需求关系推导服务贸易出口以及部门服务贸易出口产生的 GDP；再次，进一步定义（部门）服务贸易进口、出口贡献率和（部门）服务贸易进出口贡献系数以分别测度（部门）服务贸易进口、出口对 GDP 的贡献度和贡献效益；最后，运用浙江省 2002 年、2005 年、2007 年、2010 年、2012 年和 2015 年的非竞争型投入产出表数据，对服务贸易进出口以及部门服务贸易进出口之于浙江省 GDP 的贡献开展定量测度，并根据测度结果为改善浙江省服务贸易结构、提升服务贸易 GDP 提出相应的政策建议。

第六章研究结论与展望。本章总结了全书的研究结论，并对未来的研究方向进行了展望。

## 四、研究特色

本书基于投入产出视角探讨贸易对 GDP 贡献的测度方法，并对进出口贸易之于中国 GDP 的贡献以及服务进出口贸易之于浙江省 GDP 的贡献开展了测度实践。相较于现有贸易与 GDP 关系的研究，本书的研究特色主要体现在以下方面。

**1. 理论方面**

本书基于非竞争型投入产出表的纵向供给关系和横向需求关系分别探讨进口和出口贸易之于 GDP 贡献的作用机制以及测度方法，并将其拓展至服务贸易之于地区 GDP 贡献的研究之中。相较于现有多数基于计量分析的贸易与 GDP 关系的讨论，本书不仅可以纯粹度量国内产品和服务的进口和出口产生的 GDP，还可以为贸易之于 GDP 以及服务贸易之于地区 GDP 的贡献提供定量测度的方法，而不仅仅停留在有无贡献的判断层面。

**2. 实践方面**

本书基于投入产出基本表和延长表编制年度进出口贸易以及

部门进出口贸易之于中国 GDP 贡献的定量测度，不仅可以理清各年（部门）进口和（部门）出口对于 GDP 的真实贡献，判断各年进口、出口贸易结构的合理性，同时可以对 GDP 贡献和贸易结构变化进行动态比较，以便为提升贸易 GDP 贡献率、改善贸易结构提供更加切实可行的针对性的政策建议。同时，本书还尝试将贸易之于 GDP 贡献的测度方法和实践进行拓展，用于服务贸易之于地区 GDP 贡献的分析。事实上，本书的研究可以为其他经济体贸易之于 GDP 贡献或者服务贸易之于地区 GDP 的测算提供一个框架。

# 第二章 相关研究综述

立足于本书的研究目的和主要研究内容，本章将分别对贸易影响经济增长以及服务贸易影响经济增长的相关文献进行系统梳理和简要评述，以期为后续研究提供文献支持和方法参考。

## 第一节 对外贸易影响经济增长文献述评

外贸与经济增长一直是备受关注的研究领域。在理论研究方面，英国古典经济学家亚当·斯密（Adam Smith，1776）最早提出了“绝对成本理论”并提倡自由贸易的思想，他从促进社会专业分工、实现剩余产品价值以及增进消费者利益三个方面阐释了对外贸易如何有益于经济增长。此后大卫·李嘉图（David Ricardo，1817）和约翰·斯图亚特·穆勒（John Stuart Mill，1848）分别提出了“比较成本理论”和“相对需求理论”，进一步强调了贸易对经济增长的重要作用。当代，学术界关于贸易对经济增长影响的理论观点大致分成三类。一是肯定派，认为贸易是经济增长的“发动机”，国际贸易不仅能带来直接的静态利益，还能带来间接的动态效益（D. H. Robertson，1937）。此后还有学者进一步补充和发展了这一命题，并认为 19 世纪国际贸易的发展是促使许多国家经济快速增长的主要原因（R. Nurkes，1953）。二是否定派，认为以生产并出口初级产品为主的发展中国家，贸易条件长期恶化，对外贸易会导致其贫困化增长，即所谓的“中心一外围”论（Raul. Prebisc, H. W. Singer, 1950）。三是折中派。20 世纪 70 年代美国经济学家克拉维斯（Kravis）认为“贸易只是增长的侍女”，而不是“增长的引擎”，贸易既不是增长的充分条件，也不是必要条件，而且还不一定对经济有益。

在对外贸易与经济增长关系的实证研究方面，现有文献主要采用支出法恒等式测算法、计量分析方法，以及投入产出分析法来检验或者测度进口、出口贸易对经济的实际影响。

## 一、支出法恒等式测算法

早期关于进口、出口贸易对 GDP 贡献的测度较为普遍的分析方法是基于支出法的国民经济核算恒等式测算法，其大致经历了由净出口分析法到出口总量分析法再到进口分解分析法的研究过程。

### （一）净出口分析法

最初学者们（如贾金思，1998）习惯于采用支出法国民经济核算恒等式，根据三大需求之一的净出口来测度外贸对于经济增长的贡献。支出恒等式如式（2－1）所示。

$$G = C + IN + (EX - IM) \tag{2-1}$$

式（2－1）中，国内生产总值 $G$ 由消费 $C$、资本形成 $IN$ 以及净出口（$EX - IM$）构成，其中，$EX$ 为出口、$IM$ 为进口。对支出法恒等式的各变量均取增量，除以国内生产总值 $G$，并做适当的变形，可得：

$$\frac{\Delta G}{G} = \frac{\Delta C}{C} \times \frac{C}{G} + \frac{\Delta IN}{IN} \times \frac{IN}{G} + \frac{\Delta(EX - IM)}{EX - IM} \times \frac{EX - IM}{G} \tag{2-2}$$

式（2－2）中，国内生产总值的增长率被分解成消费、资本形成和净出口增长率的加权和，权重为各组成部分占 GDP 的比重。于是，外贸对经济增长的贡献就可以采用净出口的增长率与其占 GDP 比重的乘积来度量。由式（2－2）不难发现，基于支出法恒等式测算的贸易对于经济增长的贡献，可能存在以下问题：采用净出口口径测度的外贸对 GDP 及其增长的贡献，难以厘清进口、出口对 GDP 的真实影响。一方面，由于现有支出法统计数据仅有净出口口径，故仅能测度净出口对 GDP 的贡献，并且只要进口和出口的差额一致，则贸易对增长的贡献将是一致的，这显然不合理。另一方面，净出口口径中，若进口始终是负值，即意味着进口之于 GDP 的贡献始终是负向的，而且即使净出口绝对量为正值，但若其增量下降时，外贸对经济的贡献也是负向的，这显然也有不合理之处。

### （二）出口总量分析法

净出口分析法对于进口的偏见容易导致人们产生“进口总是拉经济后腿”的错觉，因此部分学者尝试采用出口总量分析法，即只考虑出口总量增长对国民经济的拉动作用，用出口增量占 GDP 增量的比重表示出口对国民经济增长的贡献率，用 GDP 的增长速度与该比重的乘积表示对国民经济的拉动度。按照该分析法，只要出口总量保持增长，其对国民经济的贡献总为正值，对国民经济的拉动度也总为正值（姚丽芳，2001）。由于出口总量法仅考虑出口与国民经济的关系，回避了进口之于经济增长贡献率的测度，故不能全面反映对外贸易对国民经济的作用。

### （三）进口分解分析法

净出口分析法和出口总量分析法在处理进口问题上都过于极端，前者完全否认进口对经济增长的贡献，把进口产品视作是国内产品的完全替代品，其纯粹是对国内需求的抵消；出口总量分析法则将进口产品视作是国内供给的不足，完全不考虑它对经济增长的影响。鉴于此，部分学者对进口产品做了折中处理，提出了进口分解分析法。如姚丽芳（2001）认为进口产品既不是国内可供产品的完全替代，也不全是国内供给的不足，而是替代和补充的组合，组合的比例取决于进口商品的结构。按照广义经济分类（BEC），进口产品可分为资本品、消费品和中间产品。资本品的进口是国内投资的实现，消费品的进口是国内消费的实现。在假定其为国内不可替代产品的前提下，其对国民经济的作用应分别并入投资和消费中来考量。而对于中间产品则在假定其为国内可替代产品的前提下，作为对国内需求的抵消，并按照出口来考量。姚丽芳（2001）对贸易之于经济增长的贡献测度结果显示，自 1993 年以来，除了 1996 年和 1999 年，中国对外贸易对国民经济增长都有不同程度的拉动作用，其中，1994 年、1997 年和 2000 年的拉动作用非常显著，拉动度分别达到了 3.0%、2.3% 和 1.3%。焦俊会、任桂仙（2002）则将进口商品分解成最终使用和中间使用两类，对于最终使用的进口商品，在完全可替代的假设条件下，其对经济增长只起到负向作用，把最终使用的进口商品占 GDP 的比重作为进口商品对 GDP 的负贡献。对于中间使用的进口商品，在完全不可替代的假设条件下，进口商品对经济增长起正向作用，把中间使用进口商品占全部中间使用商品的比重作为进口商品对 GDP 的贡献。他们通过对 2000 年实际数据的测算，发现进口对 GDP 的负面影响数量占 GDP 的比重约为 21%，相应地，其增长对 GDP 增长的贡献度约为 -63%；进口的正面影响数量占 GDP 的比重约为 7%，相应地，其增长对 GDP 的贡献度为 21%。

与净出口分析法和出口总量分析法对于进口的极端法处理相比，进口分解分析法对进口产品的细分处理，对于客观分析进口之于经济增长的正向或是负向影响显然更为合理。然而，对于两种不同类型的产品的讨论，由于被比较的对象不同，缺乏同一性，这可能导致对于进口商品对经济增长的影响究竟是正向或是负向的判断无所适从（沈利生、吴振宇，2004）。

## 二、计量模型检验法

计量分析方法也常常被用来分析进口、出口贸易对于经济增长的影响，按照所采用计量分析模型的不同，已有的研究大致可以分成结构计量分析和非结构计量分析两类。

### （一）结构计量分析

结构计量分析的通用模式是以拉动总需求的“三驾马车”——消费、投资和净出口为自变量，以GDP为因变量，建立回归模型，实证检验对外贸易之于经济增长的影响。

林毅夫和李永军（2001）基于支出法恒等式的思路，构建了包含支出法核算恒等式、投资、消费和进口函数的小型宏观经济模型联立方程组，以此分析出口对于经济的直接和间接影响。他们将产出作为自变量，分别纳入投资、消费和进口方程中，用产出分别直接解释消费、投资和进口，而在支出法核算恒等式中，出口又是产出的一部分，因此出口将会通过产出的传导对投资、消费和进口产生间接影响，这些间接影响最后通过核算恒等式反馈到产出中。如此，把结构式模型转换成简化式模型，进而得到出口对产出的完全影响系数（包括直接影响和间接影响），以此推算出口增长对于产出的贡献。

孙楚仁、沈玉良、赵红军（2006）将出口和进口对经济增长的贡献置于平等地位，然后采用因果分析、支出法和联立方程组法对我国加工贸易和其他贸易对经济增长的贡献进行了计量分析。

易行健、袁申国、戴艳娟（2014）利用联立方程从需求角度估算了 2001 ~2012 年出口与外贸对广东经济增长的复合拉动百分点。结果表明：2001 ~2012 年广东出口平均复合拉动 2.96 个百分点的经济增长，而同时期外贸平均复合拉动 3.81 个百分点的经济增长。

王珏帅（2018）则应用门槛效应模型，采用我国省际面板数据对初始经济状况影响对外开放与经济发展的程度进行实证分析。研究表明，以人均 GDP 这一指标衡量的初始经济状况在对外开放促进经济发展中存在门槛效应，而且随着初始经济水平的提高，对外开放对经济发展的正向促进作用更明显。

### （二）非结构计量分析

与结构计量分析相比，更多的研究者采用非结构计量方法来考察对外贸易和 GDP 之间的动态关系。该类研究多数基于地区或者国家 GDP、进口、出口等指标的时间序列数据，采用 Granger 因果检验、协整分析、VECM、VAR 等非结构计量分析方法来考察进出口贸易与经济增长之间的长期均衡和短期波动关系。如约翰·桑顿（John Thornton，1996）基于 1895 ~1992 年墨西哥出口总额和 GDP 指标数据的检验发现，出口和经济增长具有协整关系，出口能够显著地促进经济增长。有学者对于孟加拉国产出、出口和贸易条件的 Johansen 多变量的协整检验也发现三者具有长期协整关系（Jim Love and Ramesh Chandra，2005）。然而，对韩国 1970 ~1995 年的季度数据检验却发现出口对韩国经济有正向但非显著的影响（Imad A. Moosa and Chongwoo Choe，1998）。

基于非结构计量方法对于进口、出口贸易与中国经济增长关系的检验的文献众多，研究结论也不尽相同。刘莉君、吴婧、赵立华（2008）利用中国 2000 年一季度至 2007 年三季度 GDP、出口贸易总额、进口贸易总额的季度数据，通过 ADF 单位根检验、Granger 因果检验以及协整检验，建立了进出口贸易与经济增长的误差修正模型。实证结果表明：进出口贸易与经济增长之间互为因果关系，且长期关系非常显著，短期关系却不是很明显。王森（2010）运用协整理论、Granger 因果关系检验等计量分析工具对我国 1978 ~2008 年 GDP 和进出口总额的年度数据的实证分析发现：我国的出口、进口和 GDP 之间存在长期均衡关系，出口和进口对 GDP 都具有促进作用，其中出口的促进作用大于进口，并且 GDP 是出口和进口的单向 Granger 原因。马章良（2012）基于协整理论和格兰杰因果关系的检验也发现：中国经济增长与出口之间是正相关的关系，出口增长对经济增长具有明显的促进作用。然而，丁正良、纪成君（2014）基于 VAR 模型的实证研究却发现，中国进口、出口贸易均与经济增长存在双向 Granger 因果关系；进口对中国经济增长有显著的正向效应，很长时期内，其对经济增长的贡献度大于出口；进口自身存在较大惯性，是出口的强 Granger 原因。张世晴、陈文政（2009）基于 HP 滤波、相关系数矩阵及协整理论的进口总额、出口总额和 GDP 增长关系的检验发现：在研究进口、出口贸易与 GDP 增长二者关系时，运用进出口总额序列比使用进口额、出口额或进出口差额序列更能真实反映进口、出口贸易对 GDP 增长的拉动作用。吕海霞（2015）通过构建贸易产品结构指标和贸易方式结构指标，并运用协整理论与 Granger 因果检验方法，对近 30 年来我国贸易结构与经济增长的相关性进行实证检验。研究结果显示：我国当前贸易结构对经济增长的作用不明显。其中，贸易产品结构指标虽和经济增长之间呈正相关关系，并存在单向因果关系，但带动作用较弱；贸易方式结构和经济增长之间存在正相关关系，我国当前以高比例加工贸易为主要特征的贸易模式无法成为 GDP 增长的稳定因素。

还有学者运用非结构计量方法检验进口、出口贸易与地区 GDP 的关系。孙敬水、龚江洪（2006）采用协整检验和 VAR 模型，检验了 1980～2004 年进口、出口贸易对浙江省经济增长的拉动作用。研究发现：从长期来看，出口对经济增长的拉动作用具有显著的持续性，而进口对经济增长的拉动作用具有非显著的持续性；从短期来看，进口和出口对经济增长都有拉动作用，但进口对经济增长的拉动作用小于出口。解守红、甘晨（2017）对长三角城市群对外开放度与经济增长的关系进行了相关分析、回归分析和格兰杰因果关系检验。结果表明：总体而言，对外开放度与人均 GDP 不互为格兰杰原因；但分阶段来看，在对外开放度上升阶段，对外开放度是人均 GDP 的格兰杰原因，而人均 GDP 不是对外开放度的格兰杰原因，说明对外开放度的提高促进了经济的增长；在对外开放度下降阶段，对外开放度不是人均 GDP 的格兰杰原因，而人均 GDP 是对外开放度的格兰杰原因。

基于计量分析方法（特别是非结构计量分析法）的进口、出口与经济增长关系研究能够较好地刻画进口、出口贸易总量与经济增长之间的长短期动态关系，但是其忽略了变量之间的经济结构关系，而且没有办法定量测算出进口、出口对于 GDP 的真实贡献。本质上讲，计量分析方法仅仅能回答进口、出口是否影响了经济增长，但没有办法回答影响的力度有多大，更没有办法回答国民经济各部门中进口和出口分别对于经济增长的影响。

### 三、投入产出模型测度法

考虑到支出法恒等式测算法和计量分析方法在分析进出口与经济增长关系过程中存在的诸多问题，许多学者提出利用投入产出表来测度进出口贸易对经济增长的影响。陈锡康（2001）利用 1995 年的对外贸易投入产出表，分析和定量测度了出口对于中国 GDP 的影响，其计算结果显示：在闭模型的情况下，1 元人民币的出口可以带来 0.57 元 GDP，在开模型的情况下，每出口 1 元人民币可以带来 1.09 元的 GDP。许亦平（2002）亦利用投入产出法研究了出口对我国经济增长影响，以及不同部门出口创汇问题，其研究结果显示：出口 1 元人民币可带来 0.565 元 GDP，可带来 0.466 个就业机会。沈利生和吴振宇（2003）利用投入产出表推导和计算了出口对中国 GDP 形成以及增长的贡献，研究结论显示：1997～2001 年出口对 GDP 的贡献稳定在 14% 左右，同期出口对 GDP 的增长平均贡献了约 1 个百分点，但贡献的波动很大。刘碧云、张家峰、周晓琛（2008）利用投入产出分析方法，计算了江苏省 2002 年对外贸易对 GDP 与各产业部门增加值的贡献。研究发现：江苏省对外贸易和对内贸易对 GDP 的贡献率出口大于进口，省外调出大于省外调入；省外调出与出口对 GDP 的贡献率相差不大，省外调入与进口对 GDP 的贡献率也是相差不大。成卓、王旭刚（2010）运用投入产出模型对 20 个国家（地区）可比投入产出表进行了计算和比较，并从总量和结构层面分析中国外贸对 GDP 的贡献，研究结果显示：中国外贸对 GDP 的贡献率不高，但其单位量的国民经济效益较好，且货物外贸结构较合理，中国应进一步扩展外贸量特别是服务贸易量，一些具体部门应重点发展。王磊（2013）运用 1997 年、2002 年、2007 年中国 33 个部门的进口非竞争型投入产出表，实证分析了对外贸易对中国经济增长的影响，研究结果显示：出口和进口对中国 GDP 皆有积极作用，且两者对 GDP 贡献程度比较接近。1997～2007 年，劳动密集型产业出口对 GDP 形成的贡献率出现先下降后上升的趋势；资源资本密集型和技术密集型产业以及服务业出口对 GDP 形成的贡献率则保持了持续上升的态势；资源资本密集型产业进口对 GDP 形成和 GDP 增长的贡献始终占据主导地位，且贡献率还在不断提高。

利用投入产出表分析进出口贸易对于 GDP 形成及增长的贡

献至少有以下两个方面的优势：其一，可以分别对进口总量和出口总量之于 GDP 形成及其增长贡献的大小进行定量测度；其二，可以测度不同部门的进口和出口之于 GDP 的贡献，进而判断和分析外贸结构的合理性以及部门贸易差异产生的增长贡献率差异。

## 第二节 服务贸易与经济增长研究文献述评

全球服务贸易以高于货物贸易的速度迅猛发展，在各国经济增长中的重要性日益增强。因而，服务贸易与经济增长关系的研究显得尤为重要。但是相较于理论成熟的货物贸易研究而言，服务贸易由于贸易对象、贸易形式、贸易基础和贸易收益的复杂性，其研究理论尚未能有普遍可接受的范式和框架。从目前的研究来看，国外文献较多地集中在服务贸易影响经济增长的理论机制的探讨和验证上，而国内文献更多的是集中在服务贸易对经济增长影响的实证检验上。

### 一、国外文献述评

#### （一）服务贸易影响经济增长的理论分析

国外学者对于服务贸易之于经济增长影响的理论探讨是从经济学理论出发，主要根据不完全竞争理论、规模经济理论、拓展传统货物贸易模型、可计算一般均衡模型（CGE）等来分析两者之间的关系。

马库森（J. Markusen，1986）以垄断竞争学为基础，研究发现由于商品贸易受其专业化的限制不能达到生产的帕累托最优状态，而服务贸易却能达到最大专业化，进而促进经济的增长。随后，许多学者拓展了传统货物贸易模型，在 H-O-S 理论框架中加入技术差异和服务贸易等参数，消除传统货物贸易理论中商品贸易的无差别限制，发现比较优势理论适用于服务贸易的研究，并证明服务贸易能够促进经济增长（Richard and Kubo，1988）。

弗朗索瓦（Francois J. F，1995）则从古典经济学角度出发，证明金融服务贸易与经济增长相关，且引入金融服务贸易可以增加经济的总投入和总支出；在此基础上，他们还用柯布—道格拉斯生产函数进一步证明了金融服务贸易在不同经济规模经济条件下促进了经济增长（Francois J. F and Schuknecht，2002）。

此外，部分学者把服务贸易视作商品贸易，运用可计算一般均衡模型（CGE）研究服务贸易自由化所产生的经济增长效应（Robinson et al. ，2002）。他们借助 CGE 模型，从理论上考察了以商业存在模式开展的服务贸易对经济增长的影响，发现服务贸易的开放是一国经济福利增加的重要来源（Carr et al，2001；Markusen et al，2005）。科南·马斯库斯（Konan Maskus，2006）利用 CGE 模型分析突尼斯消除服务贸易壁垒的潜在效应，研究结论也表明一国经济福利水平的增加可以得益于服务贸易市场的开放。

### （二）服务贸易影响经济增长的实证检验

针对不同的数据类型，现有文献采用多种分析方法实证检验或测算了服务贸易对于经济增长的影响。概括起来，大致有时间序列分析、面板数据分析、投入产出分析三类，以下分述之。

第一，基于各国或地区 GDP、进出口等指标的时间序列数据，采用 Granger 因果检验、协整分析、VECM、VAR 等计量方法来考察服务贸易与经济增长之间的长期均衡和短期波动关系。如加布里埃莱（Gabriele，2006）以发达国家与发展中国家的国内生产总值增长、服务贸易出口总额为基础，建立计量经济模型，研究发现：从长远来看，服务贸易出口对发展中国家的国民生产总值增长具有积极的影响，但其贡献率低于发达国家。此后，也有研究运用多元协整、因果关系检验研究巴巴多斯市（Barbados）旅游服务发展与经济增长的关系，结果显示：长期来看，旅游服务的发展对经济增长也具有促进作用（Troy Lorde, Brian Francis and Lisa Drakes，2011）。

此外，多变量的时间序列分析方法也被广泛用于服务贸易与经济增长关系的实证检验。如学者们对 1997 ~2011 年印度服务贸易进出口额、国内生产总值、实际有效汇率建立自回归分布滞后模型、向量误差修正模型，并采用脉冲响应函数分析，研究发现：GDP、服务贸易进出口、实际有效汇率之间存在长期均衡稳定关系，服务贸易出口促进了印度经济的快速增长（Dash R. K. and Parida P. C. ，2012）。还有学者建立了金融服务贸易与经济增长关系的 VAR 模型、协整检验、脉冲响应函数，研究发现：福建省金融服务贸易与经济增长之间存在长期的双向关系，金融服务贸易推进了经济增长，经济增长也促进了金融服务贸易（Qiuyan Li and Huang Q，2016）。

第二，基于各国（地区）的若干年的 GDP 进出口等指标的面板数据，来考察服务贸易对于经济增长的影响。如谢尔曼·罗宾逊等（Sherman Robinson et al. ，2002）采用 10 个国家和地区的 11 个部门的面板数据研究服务贸易对经济增长的影响，结果显示：服务贸易通过产业间的投入和产出关系影响世界服务贸易产品的生产与贸易，进而通过影响经济的其他部门来促进经济增长。拉姆克申·雷简（Ramkishen · S · Rajan，2002）基于中国、印度尼西亚、韩国等国 1990 ~2000 年服务贸易与 GDP 的面板数据分析发现，发展中国家主要通过重点发展优势服务行业来实现服务贸易促进经济增长的目的。

部分学者研究具体部门服务贸易对经济增长的影响，如通过使用面板协整技术异构重新探讨旅游贸易与经济增长的长期联动关系以及旅游贸易发展与经合组织国家的经济增长之间的关系，发现经合组织国家旅游贸易发展与经济增长之间存在着单向因果关系，旅游服务发展对经济增长起到积极推动作用（Chien-Chiang Lee and Chun-Ping Chang，2008）。又如，通过对17个发达国家的金融发展、国际贸易和经济长期的关系进行研究，发现金融服务发展和国际贸易在1930年前相互制约，但在第二次世界大战后，金融服务的发展促进了经济增长（Michael D. Bordo and Peter L. Rousseau，2012）。再如，以创新门槛估计技术为基础，探讨在不同制度环境下金融发展对经济增长的效应是否会不同，结果发现金融发展与经济增长之间有阈值效应，两者之间的关系因体制环境的不同而不同，只有良好的融资环境才能促进经济的长期发展（Siong Hook Law，et al，2013）。

第三，利用各国（地区）投入产出表来测度服务贸易对经济增长的影响。如基于土耳其2002年投入产出表，探讨旅游与经济增长之间的关系（包括前向和后向联动的影响），结果发现旅游贸易促进了土耳其的经济增长（Atan S. and Arslanturk Y.，2012）。

## 二、国内文献述评

同国外研究相比，我国服务贸易研究起步较晚，且大都集中在对服务贸易的定性研究及其各种效应的检验方面。考虑到本书的研究内容，以下主要从服务贸易竞争力和服务贸易影响经济增长的实证检验两个方面对国内文献进行简要的回顾，以期为本书后续对浙江省服务贸易现状的分析和服务贸易之于浙江省GDP贡献的测度提供研究参考。

### （一）服务贸易现状和竞争力的分析与比较

国内学者基于各种比较优势指数对全国或者不同地区的服务

贸易竞争力进行分析和比较研究。谭小芬（2003）对中国服务贸易开放状况、服务贸易总量与服务贸易结构这三方面，分别运用服务贸易差额以及服务贸易竞争力系数与 11 个国家（地区）进行比较分析，研究发现：我国服务贸易在促进经济增长的同时还存在竞争力低下、结构不合理、对外开放水平不高等问题。吕世平、范蕾（2006）从人力资本基础、服务业就业情况、服务贸易增长率等方面，采用服务贸易市场占有率、服务出口依存度以及贸易竞争指数（TC）对比分析我国服务贸易与世界发达国家（地区）服务贸易的差距，研究发现：我国在人才培养方面发展相对滞后，服务贸易相关从业人员相对较少。巨岩（2010）运用市场占有率、显示比较优势指数和显示竞争优势指数定量测度中国服务贸易的整体竞争力和行业竞争力，研究发现：在我国服务贸易进出口结构中，旅游、运输等劳动密集型产业占有绝对数量，而资本密集型、知识密集型等高附加值产业占有比例较低。魏苗月（2015）对中国、美国、印度的国际市场占有率、RCA 指数、TC 指数进行计算，研究发现：我国的服务贸易与美国、印度相比存在一定的差距，尤其在金融保险服务方面处于劣势，并建议我国要加快提升服务贸易出口额。程大中、郑乐凯、魏如青（2017）基于贸易增加值前向分解法，测算了 2000 ~ 2014 年中国整体及细分部门的服务贸易出口状况，并对中国服务贸易的国际竞争力进行重新评估，研究发现：新算法实际测得中国服务出口占贸易总量 35% 左右，服务贸易被严重低估；中国制造业服务化趋势越来越明显，且服务价值是通过制成品出口而随之出口；多项竞争力指标比较研究证明无论是整体还是细分部门，中国服务贸易只是规模意义上的大国，而非服务贸易强国，国际竞争能力不强。

关于地区服务贸易竞争力分析和比较的代表性研究有：黄毅（2012）用显示比较优势指数等定量分析方法，对四川省服务贸易竞争力做出客观评价；陈进等（2013）采用服务贸易各行业进出口额国家占比指数、贸易竞争力指数，对比分析北京和上海的服务贸易 12 个子行业以及服务贸易总体的竞争力；刘宏、梁文化（2017）构建基于 TC、RCA、CA 和 STO 的指标分析体系，对京、津、沪、渝四市服务贸易竞争力进行比较评价，结果显示，北京市除 STO 指数低于上海市外，其余指数均高于津、沪、渝 3 市，且第三产业占国内生产总值比重和服务贸易开放度与北京市服务贸易竞争力关系较为密切。遗憾的是，目前尚未有检索到关于浙江省服务贸易现状相关的研究文献。

### （二）服务贸易影响经济增长的实证研究

国内学者对于服务贸易影响经济增长的实证研究文献较为丰富，概括起来大致可以分成三类：一是基于传统的柯布—道格拉斯生产函数或者改进 C-D 生产函数来探讨服务贸易之于经济增长的影响，并进行实际的检验；二是基于服务贸易和经济增长的指标数据，采用回归分析、时间序列分析、面板数据分析等计量方法实证检验服务贸易对于经济增长的影响；三是基于投入产出模型，测度服务贸易之于 GDP 的影响。

**1. 基于生产函数的服务贸易与经济增长关系检验**

许多学者基于柯布—道格拉斯生产函数，建立数学模型理论分析服务贸易与经济增长关系。如唐保庆、黄繁华（2008）基于柯布—道格拉斯生产函数模型，考察商品贸易和服务贸易对经济增长的不同影响，结果表明：技术和知识密集型服务贸易更有利于经济增长，而劳动密集型、资本密集型服务贸易对经济增长的作用相对较弱；左鹏（2014）从柯布—道格拉斯生产函数出发，并利用最终使用与中间使用的决策函数研究服务贸易对经济增长的影响，结果显示：完善的金融贸易发展结构对经济增长有着积极的作用。

还有学者尝试对生产函数进行拓展后研究服务贸易对经济增长的影响。熊启泉和张琰光（2008）拓展了出口总量生产函数，研究服务贸易对经济增长的影响，结果发现中国服务贸易对经济增长的贡献较低，平均贡献率仅为 18.9%，但服务贸易出口贡献率相对大于服务贸易进口贡献率。张彦志、王斐婷（2009）建立了拓展生产函数模型，发现生产性服务贸易在促进经济整体增长的同时也提高了货物贸易经济效益。尹晓波、钟小英、洪鑫（2013）基于开放经济下出口扩展性总量生产函数，构建风险价值模型，对海峡两岸服务贸易对经济增长的贡献进行实证分析，研究发现：无论经济是处于高速发展阶段还是受到经济危机的影响，服务贸易对于海峡两岸经济持续增长都起着决定性的作用。

**2. 基于计量分析的服务贸易和经济增长关系研究**

早期的研究基于服务贸易和经济增长相关指标的截面数据或者时序数据，采用最小二乘法对服务贸易与经济增长的关系进行回归分析。如危旭芳、郑志国（2004）基于传统最小二乘法，定量分析 1985～2001 年中国服务贸易与经济增长的关系，结果显示：服务贸易促进了经济增长，但其出口贡献率小于进口贡献率；王绍瑗（2008）同样采用最小二乘法回归分析我国 1997～2008 年服务贸易的出口额、进口额与国民生产总值的关系，也得到服务贸易与国民生产总值之间存在正相关的结论，但是服务贸易出口对国民经济增长的拉动作用却大于服务进口的拉动作用；杨丽、徐婷（2011）依据中国近十三年服务贸易进口、服务贸易出口以及 GDP 三个指标数据，从总量和增长率两个方面对服务贸易与 GDP 增长关系进行相关分析与回归分析，得出服务贸易进口促进 GDP 增长的结论。

最小二乘回归估计可能存在数据的不平稳性，导致“伪回归”现象，使得实证结果具有一定的不足与局限。鉴于此，更多的学者采用时间序列方法来实证检验贸易与增长的关系。胡日东、苏志芳（2005）运用协整理论和 Granger 检验分析 1985～2004 年间中国服务贸易进出口与经济增长之间的关系，发现从长期来看，服务贸易进口抑制经济增长、服务贸易出口推动经济增长，但净效应为正；从短期来看，服务贸易进口、出口对经济增长的作用都不大。王晓林、索塞洛（2006）也得出了同样结论。潘爱民（2006）基于协整检验和误差修正模型的研究，发现从短期来看，服务贸易出口对经济增长的影响大于服务贸易进口对经济增长的影响。温思美、庄丽娟、贺梅英（2008）采用协整检验分别对发达经济体、发展中经济体以及美国、中国的经验数据进行实证检验，发现服务出口对发达国家和发展中国家经济增长的推动作用不仅仅是一个统计现象，而是带有普遍意义的经济增长规律。

部分学者在协整检验与 Granger 检验的基础上加入了脉冲响应函数分析服务贸易与经济增长之间的关系，实证结果也不尽相同。尚涛、冯宗宪（2007）在协整检验与 Granger 检验的基础上，再利用脉冲响应函数进行分析，研究发现服务贸易出口促进效应大于服务贸易进口促进效应。尹忠明、姚星（2009）基于向量自回归模型和脉冲响应函数的实证分析，发现服务贸易出口能促进中国的经济增长，但是进口贸易却阻碍了经济增长。王秋红、赵乔（2017）基于 VAR 模型的协整和脉冲响应函数分析法，对我国服务贸易结构与经济增长的长期动态关系进行检验，发现传统服务贸易出口份额与新型服务贸易进口份额的提升能够促进经济增长，且有较长时间的持续与积累效应；在短期内，经济增长对于传统服务贸易进口份额提升具有微弱的促进作用，但在长期内作用不明显。

也有不少学者，基于时间序列分析方法检验了浙江省服务贸易对经济增长的影响。胡勇（2008）发现浙江省服务贸易出口会促进经济增长，进口则制约了浙江省的经济增长，但是出口、进口均是 GDP 增长的格兰杰原因。余妙志（2010）基于浙江省服务贸易进口、出口与 GDP 序列的协整分析也得到了相同的结论。然而，邱璐轶、汪娟（2012）的协整检验结果却发现：浙江省服务贸易进口和出口与 GDP 之间存在正向相关性，但服务贸易进口对国民经济增长的贡献要比出口大，对经济增长的拉动作用更明显。

还有许多研究，针对跨行业或者跨国（地区）的面板数据，检验服务贸易对于经济增长的影响以及服务贸易经济增长效应的行业差异或区域差异。徐光耀、孔庆峰（2008）利用 1997 ~ 2006 年 8 个服务贸易行业的面板数据进行实证分析，发现服务贸易进口贡献率大于服务贸易出口贡献率，且传统服务贸易对经济增长促进效应低于新兴服务贸易的经济增长促进效应。郑辉（2009）基于 22 个国家（地区）的面板数据回归模型，研究发现服务贸易出口显著推动中国经济增长，而反向作用不明显。曾慧琴（2009）利用 FMOLS 和 DOLS 协整估计方法分析 1980 ~ 2004 年 8 个经合组织国家的国内生产总值与服务贸易进口总额、出口总额、服务业增加值的关系，结果发现：从长期来看，服务贸易出口对经济增长的推动作用更明显。张立娜（2011）基于面板数据固定效应模型，探讨服务贸易、生产性服务贸易与经济增长的关系，发现无论是服务贸易还是生产性服务贸易进出口均促进经济增长，但后者的促进作用略大于前者，且生产性服务贸易的进口贡献率大于出口贡献率。曹标、廖利兵（2014）基于面板数据模型的实证研究发现，生产者服务贸易提升了经济增长率，而消费者服务贸易却抑制了经济增长，且这一趋势随着国家收入水平的提高愈加明显。张斌涛、肖辉、陈寰琦（2017）基于东部地区、中部地区、西部地区服务业开放水平面板数据的实证分析表明：东部地区各省服务业开放水平的提高会明显地降低各省的经济增长，而中西部地区各省服务业开放水平的提高，对各省的经济增长没有产生显著影响。

**3. 基于投入产出分析的服务贸易与经济增长关系研究**

为了定量测度服务贸易对于经济增长的贡献，部分学者尝试采用投入产出分析法来研究服务贸易对经济增长的影响。陈怡、沈利生（2006）运用 RAS 法修正直接消耗系数，对我国投入产出表（40×40 部门）进行拓展，通过对投入产出表的计算，分析我国服务贸易以及部门服务贸易出口对 GDP 的贡献。研究显示，1999 年我国服务出口在 GDP 增长率的 7.1 个百分点中贡献了 0.14 个百分点，到了 2002 年则上升至 0.28 个百分点。当前我国服务出口对 GDP 形成以及增长贡献率皆较大的是商业、社会服务业、货物运输及仓储业、旅客运输业 4 个部门。社会服务业出口虽然对 GDP 形成的贡献率较大，但是其增长对 GDP 增长的贡献率相对不足。李开捷（2009）基于 2002 年、2005 年我国投入产出表，实证分析我国运输贸易对经济增长的影响，发现运输服务贸易出口促进经济增长的贡献率大于进口的贡献率。陈艳欣（2009）利用 2002 年 42 部门投入产出表，从直接与间接角度分析服务贸易与经济增长之间的关系，发现服务贸易对经济增长的贡献率比货物贸易贡献小，且服务贸易各部门对于其他部门的影响力和感应度较小，但服务贸易发展仍在一定程度上促进了经济增长。

通过以上对服务贸易影响经济增长文献的系统梳理，不难发现：基于生产函数服务贸易与经济增长关系的检验，能够较好地理清服务贸易影响经济增长的作用机制；基于计量分析的实证检验，无论是最小二乘计量分析方法、时间序列分析方法还是面板数据分析方法，都能够较好地刻画服务贸易进口、出口总量与经济增长之间的长短期动态关系，能够较好地回答服务贸易进口、出口是否影响了经济增长，但是对具体的影响力大小的测定却无能为力；基于投入产出分析的服务贸易与经济增长关系研究可以为服务贸易之于 GDP 贡献的定量测度提供有效的方法，然而现有研究大都是基于我国某一年的投入产出表进行静态研究，而未对其关系进行动态量化对比分析，无法反映服务贸易对经济增长贡献的动态变化。此外，关于服务贸易对地区经济增长影响的定量测度的研究尚未见到。

# 第三章　非竞争型投入产出表的编制理论与实践

## 第一节　非竞争型投入产出表概述

投入产出分析是研究经济系统各个部分间表现为投入与产出的相互依存关系的经济数量方法（钟契夫、陈锡康、刘起运，1993）。投入是进行一项活动所产生的消耗，如生产过程的消耗就包括初始投入要素的消耗（即最初投入），以及本系统内各部门产品的消耗（即中间投入）；产出则是指进行一项活动的结果，生产活动的结果为本系统各部分生产的产品，包括一切的物质产品和劳务。

作为探究国民经济各部门间平衡关系所使用的常用研究方法，投入产出分析的基本过程为：首先，从一般均衡假设出发，通过构建方程组的形式展现各部门产品之间的相互依存关系；然后，依据统计数据资料编制矩阵形式或棋盘形式的平衡表以体现国民经济各部门产品的供给和需求相平衡的全貌；接着，求得每一部门的产品总量与它生产这个总量所需其他部门的产品总量的比例，通常称之为“技术系数”，并确定上述方程组中的有关参数值；进而，从含有这些参数值的方程组中，推断某一部门产销情况的变化对其他部门的影响，计算为满足一定的“最终消费”，如个人及政府消费、投资和净出口等，所需生产的各种产品总量，并预测国民经济发展的前景。

## 一、一般的投入产出表

编制反映国民经济各部门产品供需关系的平衡表，即投入产出表，是进行投入产出分析的关键性步骤。投入产出表产生于 20 世纪 30 年代，由美国经济学家、哈佛大学教授瓦西里·列昂惕夫（W. Leontief）在前人关于经济活动相互依存性的研究基础上首先提出并研究和编制。瓦西里·列昂惕夫从 1931 年开始研究投入产出分析技术，编制投入产出表，目的是研究美国的经济结构。1936 年他撰写的文章“美国经济制度中投入产出数量关系”在《经济学和统计学评论》上发表，是世界上有关投入产出分析技术的第一篇论文，标志着投入产出分析技术的诞生。瓦西里·列昂惕夫（1953）提出了投入产出表的概念及其编制方法，阐述了投入产出分析技术的基本原理，创立了投入产出分析技术这一科学理论。正是由于在投入产出分析技术方面的卓越贡献，瓦西里·列昂惕夫于 1973 年获得了第五届诺贝尔经济学奖。投入产出表不仅能反映国民经济各部门之间的投入产出数量关系、各个部门在生产过程中直接的和较为明显的经济技术联系，还能反映国民经济各部门之间间接的经济技术关系。因此，编制投入产出表，能较为准确地研究各产业的结构关系，为制订产业发展计划、实证分析各部门间的关系提供充分的理论依据。

投入产出表又称为部门联系平衡表，是反映一定时期各部门间相互联系和平衡比例关系的一种平衡表。一般意义上的投入产出表，是将一国的产出区分为中间产品和最终产品，投入区分为中间投入和初始投入（即为增加值或 GDP），进而在这些概念的基础上形成投入产出表的基本结构和平衡关系，基本表式如表 3－1所示。

**表 3－1　　一般投入产出表表式**

| 产出<br>投入 | | 中间使用 | | | | 最终使用 | | | | 进口 | 总产出 |
|---|---|---|---|---|---|---|---|---|---|---|---|
| | 部门 | 1 | 2 | … | $n$ | 最终消费 | 资本形成 | 出口 | 合计 | | |
| 中间投入 | 1 | $x_{11}$ | $x_{12}$ | … | $x_{1n}$ | $c_1$ | $in_1$ | $ex_1$ | $y_1$ | $im_1$ | $x_1$ |
| | 2 | $x_{21}$ | $x_{22}$ | … | $x_{2n}$ | $c_2$ | $in_2$ | $ex_2$ | $y_2$ | $im_2$ | $x_2$ |
| | ⋮ | ⋮ | ⋮ | ⋮ | ⋮ | ⋮ | ⋮ | ⋮ | ⋮ | ⋮ | ⋮ |
| | $n$ | $x_{n1}$ | $x_{n2}$ | … | $x_{nn}$ | $c_1$ | $in_n$ | $ex_n$ | $y_n$ | $im_n$ | $x_n$ |
| | | | | | 【Ⅰ】 | | | | | | 【Ⅱ】 |
| 增加值 | | $v_1$ | $v_2$ | … | $v_n$ | | | | | | |
| | | | | | 【Ⅲ】 | | | | | | 【Ⅳ】 |
| 总投入 | | $x_1$ | $x_2$ | … | $x_n$ | | | | | | |

表 3－1 中第Ⅰ象限反映部门间的生产技术联系，是表的基本部分；第Ⅱ象限反映各部门产品的最终使用；第Ⅲ象限反映国民收入的初次分配；第Ⅳ象限反映国民收入的再分配，因其反映的再分配过程不完整，有时可以不列出。

表 3－1 通常也可以表示成如下的矩阵形式（见表 3－2）。

**表 3－2　　一般投入产出表表式（矩阵形式）**

| 产出<br>投入 | 中间使用 | | 最终使用 | | | | 进口 | 总产出 |
|---|---|---|---|---|---|---|---|---|
| | 部门 | 1 2 … $n$ | 最终消费 | 资本形成 | 出口 | 合计 | | |
| 中间投入 | 1<br>2<br>⋮<br>$n$ | $X_{ij}$ | $C$ | $IN$ | $EX$ | $Y$ | $IM$ | $X$ |
| 初始投入 | | $V$ | | | | | | |
| 总投入 | | $X$ | | | | | | |

注：表中的大写字母均表示投入产出表中各项对应矩阵，除 $X_{ij}$ 为方阵之外，其余皆为向量。

不难发现，一般投入产出表对于进口和出口的处理是把出口视作最终需求的一个组成部分，作为一列与最终消费和资本形成并列，而进口单列于第Ⅱ象限，但取负值。上述投入产出表，蕴含着如下横向和纵向平衡关系：

总产出 + 进口 = 中间使用 + 最终使用 = 中间使用 + (最终消费 + 资本形成 + 出口)

总投入 = 中间投入 + 初始投入 = 中间投入 + 增加值

具体到部门关系而言，行向和列向的平衡关系式可以表示为：

$$x_i + im_i = \sum_{j=1}^{n} x_{ij} + y_i = \sum_{j=1}^{n} x_{ij} + (c_i + in_i + ex_i) \quad (3-1)$$

$$x_j = \sum_{i=1}^{n} x_{ij} + v_j \quad (3-2)$$

由于总产出和 GDP 均是衡量一国一定时期内的生产成果，故总供给量等于本国的产出加上进口量。由于表 3 - 1 中的中间产品和最终产品使用中均包含了对进口产品的使用量，即本国产品与进口产品未有区分，因此，表 3 - 1 中进口产品量为负值，以抵消同行中各项的进口产品使用量，以使得行元素的合计为本国的产品生产量。

## 二、非竞争型投入产出表

随着经济全球化和一体化的不断深入发展，国家间的分工协作日益紧密，资源跨越国界在世界范围进行优化配置，一个国家的出口产品，往往需要使用大量其他国家的进口产品作为中间投入，即出口产品是多个国家共同投入的结果。出口产品在生产过程中消耗了国内投入和进口投入，那么出口总值就应该包含国产投入的国内增加值和进口投入的国外增加值两个部分。因此，有必要对进口产品进行细化处理，即对一般的投入产出表进行调整。

在对进口产品的细化处理上，如果无法获取全部进口产品的详细使用去向，通常的做法是对进口产品作竞争型进口（本国同时生产的那些进口品）和非竞争型进口（本国不生产而完全依靠进口的哪些产品）的区分，且只是把非竞争型进口的使用去向详细地列出，而把竞争型进口仍然与本国产品的使用量合并在一起。因此，相应的投入产出表如表 3－3 所示。

**表 3－3　列出主要进口产品使用去向的投入产出表表式**

<table>
<tr><th colspan="2" rowspan="2">产出<br>投入</th><th colspan="2">中间使用</th><th colspan="4">最终使用</th><th rowspan="2">进口</th><th rowspan="2">总产出</th></tr>
<tr><th>部门</th><th>1 2 … $n$</th><th>最终消费</th><th>资本形成</th><th>出口</th><th>合计</th></tr>
<tr><td rowspan="2">中间投入</td><td>竞争型产品</td><td>1<br>2<br>⋮<br>$n$</td><td></td><td colspan="6"></td></tr>
<tr><td>非竞争型产品</td><td>1<br>2<br>⋮<br>$n$</td><td></td><td colspan="6"></td></tr>
<tr><td colspan="2">初始投入</td><td colspan="2"></td><td colspan="6" rowspan="2"></td></tr>
<tr><td colspan="2">总投入</td><td colspan="2"></td></tr>
</table>

在列出主要进口产品使用去向的投入产出表中，竞争型进口产品与本国产品仍合并在一起，其行向关系如同一般的投入产出表表式，通过从各项使用合计中减去进口，得到总产出。对于非竞争型产品，中间使用的进口矩阵与最终使用的进口列向量，对每一类非竞争进口品，在行向上给出了详细的使用去向，在列向上则给出了各生产部分非竞争型进口产品的中间投入结构，以及

非竞争型进口产品的各项最终使用结构。

然而在所有进口产品使用去向数据资料都完备的情况下，则可以考虑编制列出全部进口产品使用情况的投入产出表，通常把这种列出全部进口产品使用去向的投入产出表称为非竞争型投入产出表（如表3－4所示）。在非竞争型投入产出表中，在行向上区分出本国产品和进口产品，且中间使用的进口矩阵与进口产品最终使用的各列向量完整地展现出所有进口产品的投入状况与使用状况。由于所有进口产品都与本国产品相分离，因此，进口这一列将不再需要在第Ⅱ象限单列体现。

**表3－4　非竞争型投入产出表表式**

| 投入＼产出 | | 中间使用 | | 最终使用 | | | | 总产出 |
|---|---|---|---|---|---|---|---|---|
| | | 部门 | 1 2,…,n | 最终消费 | 资本形成 | 出口 | 合计 | |
| 中间投入 | 本国产品 | 1<br>2<br>⋮<br>n | $X_{ij}^{D}$ | $C^{D}$ | $IN^{D}$ | $EX^{D}$ | $Y^{D}$ | $X$ |
| | 进口产品 | 1<br>2<br>⋮<br>n | $X_{ij}^{M}$ | $C^{M}$ | $IN^{M}$ | $EX^{M}$ | $Y^{M}$ | $IM$ |
| 初始投入 | | | $V$ | | | | | |
| 总投入 | | | $X$ | | | | | |

注：表中的大写字母表示投入产出表中各项对应矩阵，除 $X_{ij}$ 为方阵之外，其余皆为向量，上标 $D$ 和 $M$ 分别表示本国产品和进口产品。

显然，表3－4在行向、列向上存在下列等式关系：

总产出＝中间使用＋最终使用

＝中间使用＋(最终消费＋资本形成＋出口)

(本国产品)

进口 = 中间使用 + 最终使用

　　= 中间使用 + (最终消费 + 资本形成 + 出口)

(进口产品)

总投入 = 中间投入 + 初始投入 = 本国产品 + 进口产品 + 初始投入

对于具体各部门而言，行、列向的平衡关系式可以写成：

本国产品：

$$x_d^i = \sum_{j=1}^{n} x_{ij}^d + y_i^d = \sum_{j=1}^{n} x_{ij}^d + (c_i^d + in_i^d + ex_i^d) \quad (3-3)$$

进口产品：

$$im_i = \sum_{j=1}^{n} x_{ij}^m + y_i^m = \sum_{j=1}^{n} x_{ij}^m + (c_i^m + in_i^m + ex_i^m) \quad (3-4)$$

纵向：

$$x_j = \sum_{i=1}^{n} x_{ij}^d + \sum_{i=1}^{n} x_{ij}^m + v_j \quad (3-5)$$

## 三、非竞争型投入产出表与一般投入产出表的关系

对比表 3-2、表 3-4 以及式（3-1）～式（3-5）的描述，不难发现，一般投入产出表和非竞争型投入产出表中的元素之间存在如下的联系：

$$x_{ij}^d + x_{ij}^m = x_{ij} \quad (3-6)$$

$$c_i^d + c_i^m = c_i \quad (3-7)$$

$$in_i^d + in_i^m = in_i \quad (3-8)$$

$$ex_i^d + ex_i^m = ex_i \quad (3-9)$$

$$y_i^d + y_i^m = y_i \quad (3-10)$$

这些等式中，小写字母代表各矩阵对应的具体元素，上标为 $m$ 的是进口产品，上标为 $d$ 的是国内产品，没有上标的是产品拆

分之前的投入产出表的元素。

## 第二节 中国非竞争型投入产出表的编制理论与实践

非竞争型投入产出表中无论是中间使用还是最终使用均系单纯的国内和进口产品的使用量，这对于纯粹地进行两类产品的供给与需求分解研究，以及各种效应的测度研究至关重要。为了定量测度进口、出口贸易对中国经济的影响，本节将探讨中国非竞争型投入产出表的编制问题，以为后续的定量测度提供理论基础和数据支持。

### 一、中国投入产出表的编制概况

中国是在 20 世纪 50 年代末 60 年代初开始引入投入产出分析技术的。1974 年 8 月，在当时的国家统计局和国家计划委员会等部委的组织下，由国家统计局、国家计划委员会、中国科学院、中国人民大学、原北京经济学院等单位联合编制了 1973 年实物型投入产出表，这是我国的第一张实物投入产出表。1982 年，在国家统计局和国家计划委员会的组织下，又编制了 1981 年实物型投入产出表和 1981 年价值型投入产出表，其中 1981 年价值型投入产出表将物质生产活动划分为 26 个产业部门，表的规模较小。1984 年，国家统计局又在 1981 年价值型投入产出表的基础上，利用统计、财务和业务等资源编制了 1983 年价值型投入产出延长表，该表包括 22 个物资产品部门，除了农业部门外，其他部门与 1981 年完全一致。1981 年价值型投入产出表中的农业活动被分为五个农业部门，而在 1983 年投入产出表中未对农业活动进行细划。值得注意的是，国际上编制过实物型投入产出表的国家和地区比较少，为了便于国际比较，更多的分析的是价值型投入产出表。

1984 年前，我国编制的价值型投入产出表仅限于物质产品的平衡关系，故又称为物质产品平衡表体系（System of Material Product Balance，MPS），它是当时计划经济体制和 MPS 统计体系的产物。为了适应改革开放的需要，切实做好我国国民经济综合平衡，加强对社会经济发展的科学管理工作，同时为了进行国际比较、研究中国经济与世界经济的联系提供依据，1988 年，国务院办公厅印发了《关于进行全国投入产出调查的通知》，决定在全国范围内进行第一次投入产出专项调查，并编制 1987 年全国投入产出表。与以往不同的是，1987 年投入产出表的核算对象不仅包括物质生产活动，还首次将非物质生产活动也纳为核算对象（具体包括物质生产活动部门 101 个、非物质生产活动部门 17 个），这为以后编制国民经济核算体系（system of national account，SNA）核算表进行了有益的探索，积累了宝贵的经验。

此后，我国便形成了周期性的投入产出专项调查和投入产出表的编制工作。国家统计局固定在逢 2 和逢 7 的年份开展全国投入产出调查，编制投入产出基本表。迄今为止，已经成功编制了包括 1987 年、1992 年、1997 年、2002 年、2007 年和 2012 年在内的六张投入产出基本表，且 1992 年之后的投入产出表采用了国际通用的价值型投入产出表表式，即 SNA 式投入产出表，进一步满足了国际比较的需要。1992 年价值型投入产出表包括 119 个 Ⅰ 级部门分类，在 1987 年 118 个部门基础上增加了废品废料部门。随着国民经济行业分类的变化，此后的各年投入产出表的部门分类也发生了较大的变化。而 2012 年投入产出基本表是 1987 年以来部门分类最细的一张投入产出表，与 1987 年、1992 年、1997 年、2002 年和 2007 年投入产出表部门分类相比较，分别增加了 21 个、20 个、15 个、17 个和 4 个。

除投入产出基本表之外，国家统计局在逢 0 和逢 5 年份还会编制投入产出延长表。迄今已经编制了 1990 年、1995 年、2000 年、2005 年、2010 年、2015 年六张投入产出延长表，其中 1990 年和 1995 年分别是按照 1987 年和 1992 年的投入产出部门Ⅱ级分类，将国民经济生产活动划分为 33 个部门，而 2000 年、2005 年、2010 年和 2015 年的延长表分别是根据 1997 年、2002 年、2007 年以及 2012 年的投入产出基本表的部门Ⅱ级分类，将国民经济生产活动划分为 40 个、42 个、65 个和 42 个部门。

为了定量的测度进口、出口贸易对中国经济的影响，需要对进口产品进行拆分，也就是需要在现有的投入产出表基础上编制中国的非竞争型投入产出表。

## 二、中国非竞争型投入产出表的编制

如前所述，与一般的投入产出表不同的是，表 3 - 4 所示的非竞争型投入产出表中，无论是中间使用还是最终使用均是单纯的国内和进口产品的使用量。而对于做了产品细分后的非竞争型投入产出表而言，获取表中各元素的具体数据是对其进行各种数量分析的前提。然而，目前国家统计局提供的仅仅是如表 3 - 2 所示的一般的投入产出表的数据资料。

### （一）中国非竞争型投入产出表编制的基本思路

为了获取中国的非竞争型投入产出表中的各元素数据资料，现有研究大都是将国家统计局编制的投入产出表中的进口产品进行拆分，其拆分的方法主要有两类。

一是结合商品流量法和专家咨询法拆分进口产品。如齐舒畅、王飞、张亚雄（2008）首先依据海关 8 位 HS 编码分类以及 122 部门投入产出表，确定进口、出口产品所属部门；然后，以各进口产品的属性为依据，确定进口产品是用于中间使用，还是最终消费支出及资本形成总额；接着，根据各类调查资料以及商品流量法与专家咨询法，明晰进口产品在中间使用以及最终使用中的分配情况，在122部门投入产出表上对8位HS分类编码进口商品按照相同的生产部门进行归类，形成122×125的进口产品使用矩阵；最后，按比例分配进口关税，从而得到与原有投入产出表统计口径一致的进口产品使用矩阵。

二是按比例分配的方法拆分进口产品。这类方法通常在一致性假定的基础上，按照与国内产品的使用去向相同的比例对进口产品进行使用去向拆分。这里所谓的一致性假定是认为进口产品和国内产品具有同质性，因而两类产品在使用去向上有相类似的比例关系。沈利生（2009）就在一致性假定下对进口产品进行了相应的拆分。

第一类进口产品拆分方法，一方面需要掌握投入产出专项调查资料以及其他的调查数据，这在实际操作中存在一定困难。另一方面，该方法在对进口产品进行拆分时运用到专家咨询法，这在一定程度上增加了编制结果的主观性。鉴于此，本书在中国非竞争型投入产出表编制实践中采用第二种方法，即基于国家统计局已编制的投入产出表以及投入产出调查数据，在一致性假设下，拆分进口产品，并推算非竞争型投入产出表中的各元素数据。

### （二）中国非竞争型投入产出表编制的一般步骤

基于上述基本思路，中国非竞争型投入产出表编制实践过程中主要按照以下三个步骤来进行。

步骤1：根据国家统计局编制的投入产出表表式（见表3-2），确立非竞争型投入产出表的基本表式（见表3-4），并分析两表中元素的具体数量关系。

步骤2：基于一致性原则，根据表3－2中中间产品和最终产品的比例关系，推算表3－4中的 $Y^M$、$Y^D$、$X_{ij}^M$、$X_{ij}^D$ 中各元素数据。具体的推算关系为：

$$y_i^m = \frac{y_i}{y_i + \sum_{j=1}^{n} x_{ij}} im_i \tag{3-11}$$

$$\sum_{j=1}^{n} x_{ij}^m = im_i - y_i^m \tag{3-12}$$

$$x_{ij}^m = \sum_{j=1}^{n} x_{ij}^m \cdot \frac{x_{ij}}{\sum_{j=1}^{n} x_{ij}} \tag{3-13}$$

$$y_i^d = y_i - y_i^m \tag{3-14}$$

$$x_{ij}^d = x_{ij} - x_{ij}^m \tag{3-15}$$

步骤3：推算表3－4中的 $C^M$、$IN^M$、$EX^M$、$C^D$、$IN^D$、$EX^D$ 中各元素数据。具体的推算关系为：

$$c_i^m = \frac{c_i}{y_i} y_i^m \tag{3-16}$$

$$in_i^m = \frac{in_i}{y_i} y_i^m \tag{3-17}$$

$$ex_i^m = \frac{ex_i}{y_i} y_i^m \tag{3-18}$$

$$c_i^d = c_i - c_i^m \tag{3-19}$$

$$in_i^d = in_i - in_i^m \tag{3-20}$$

$$ex_i^d = ex_i - ex_i^m \tag{3-21}$$

基于以上步骤，就可以将中国2002年、2007年、2012年投入产出表以及2005年、2010年、2015年的投入产出延长表编制转化成各年的非竞争型投入产出表。

# 第三节　浙江省非竞争型投入产出表的编制理论与实践

为了定量测度服务贸易对于浙江省 GDP 的贡献，本节讨论地区非竞争型投入产出表的编制思路并开展浙江省非竞争型投入产出表的编制实践工作，以为后续的实际测度提供方法基础和数据支持。

## 一、地区非竞争型投入产出表概述

### （一）一般的地区投入产出表

相对于全国投入产出表而言，地区投入产出表是对一个国家某一地区编制的投入产出表，其与全国投入产出表最大不同之处在于地区投入产出表涉及地区间的产品流入和流出。如表 3-5 所示，地区投入产出表将全国表中的“进口”“出口”改为“省外流入”“省外流出”，或者仅在“进口”“出口”后增加调入调出列在最终产品栏内。也就是说，流入产品、流出产品在投入产出表中是一个列向量；同样为了纯粹衡量地区生产总值或增加值，加入了取值为负的省外产品流入列。

表 3-5 中 $X_{ij}(i,j=1,2,\cdots,n)$ 是指中间投入和中间使用的交叉部分。从横向看，表示 $i$ 部门产品对本地 $j$ 部门做生产使用的分配，既包括本地生产的 $i$ 产品也包括省外流入与进口的 $i$ 产品；从纵向看，表示本地 $j$ 部门对 $i$ 部门产品的中间消耗，既包括本地产品也包括省外流入与进口产品。

表 3-5 中元素便有以下横向平衡等式关系：

**表 3－5　　一般的地区投入产出表表式**

<table>
<tr><td rowspan="2">产出<br>投入</td><td colspan="2">中间使用</td><td colspan="5">最终使用</td><td rowspan="2">进口</td><td rowspan="2">省外流入</td><td rowspan="2">总产出</td></tr>
<tr><td>部门</td><td>1 2 … n</td><td>最终消费</td><td>资本形成</td><td>出口</td><td>省外流出</td><td>合计</td></tr>
<tr><td>中间投入</td><td>1<br>2<br>⋮<br>n</td><td>$X_{ij}$</td><td>$C$</td><td>$IN$</td><td>$EX$</td><td>$OF$</td><td>$Y$</td><td>$IM$</td><td>$IF$</td><td>$X$</td></tr>
<tr><td>增加值</td><td colspan="2">$V$</td><td colspan="8" rowspan="2"></td></tr>
<tr><td>总投入</td><td colspan="2">$X$</td></tr>
</table>

注：表中的大写字母均表示投入产出表中各项对应矩阵，除 $X_{ij}$ 为方阵之外，其余皆为向量。

$$\sum_{j=1}^{n} a_{ij}x_j + c_i + in_i + (ex_i - im_i) + (of_i - if_i) = x_i \tag{3-22}$$

其中，直接消耗系数 $a_{ij} = x_{ij}/x_j$，表示本地 $j$ 部门生产单位产品对 $i$ 部门产品的直接消耗，既包括本地生产的 $i$ 产品，也包括省外流入与进口的 $i$ 产品。

式（3－22）反映了每个部门的总产出是如何分配和使用的，$\sum_{j=1}^{n} a_{ij}x_j$ 表示中间使用，$c_i$ 表示最终消费使用，$in_i$ 表示投资使用，$(ex_i - im_i)$ 表示净出口，$(of_i - if_i)$ 表示地区间的净流出。其写成矩阵形式可以表示为：

$$AX + C + IN + (EX - IM) + (OF - IF) = X \tag{3-23}$$

整理得：

$$X = (I - A)^{-1}[C + IN + (EX - IM) + (OF - IF)] \tag{3-24}$$

亦即：

$$X = (I - A)^{-1} Y \qquad (3-25)$$

通常地，对于最终产品 $Y = C + IN + (EX - IM) + (OF - IF)$ 而言，$A$ 称为直接消耗系数矩阵 $(a_{ij})_{n \times n}$，$(I - A)^{-1}$ 为里昂惕夫逆矩阵，$(I - A)^{-1} - I$ 为完全消耗系数矩阵，反映部门间的完全消耗关系，即 $i$ 部门最终使用产出量对各部门本地生产产品与外地流入产品的直接消耗与间接消耗。

表 3－5 中元素还具有纵向平衡等式关系：

$$\sum_{j=1}^{n} a_{ij} x_j + v_j = x_j \qquad (3-26)$$

等式（3－26）反映每个部门总产出的形成，写成矩阵形式为：

$$AX + V = X \qquad (3-27)$$

整理得：

$$X = (I - A)^{-1} V \qquad (3-28)$$

其中：

$$A_c = \begin{pmatrix} \sum_{i=1}^{n} a_{i1} & & & \\ & \sum_{i=1}^{n} a_{i2} & & \\ & & \ddots & \\ & & & \sum_{i=1}^{n} a_{in} \end{pmatrix} \qquad (3-29)$$

$A_c$ 中的直接消耗系数指本地生产单位的 $j$ 产品对 $i$ 部门产品的直接消耗量，既包括对本地生产的 $i$ 产品的直接消耗，也包括省外流入与进口的 $i$ 产品的直接消耗。

综上所述，表3－5所示的地区投入产出表中不管是中间使用还是最终使用皆包含了省外流入产品和进口，若直接使用其分析地区进出口对经济增长的影响，一方面无法区分本地区产品和进口产品对 GDP 的贡献，另一方面也难以对各部门进出口的贡献进行定量测度。

## （二）非竞争型地区投入产出表

非竞争型地区投入产出表是在一般的地区投入产出表的基础上，进一步地将国内产品作省内和省外的细分，具体表式如表3－6所示。在横向上，区分省内产品、省外产品和进口产品，并考虑进口产品和省外产品在中间使用和最终使用（最终消费、

**表3－6　　非竞争型地区投入产出表表式**

<table>
<tr><th colspan="3" rowspan="2">投入</th><th colspan="2">中间使用</th><th colspan="5">最终使用</th><th rowspan="2">进口</th><th rowspan="2">省外流入</th><th rowspan="2">总产出</th></tr>
<tr><th>部门</th><th>1 2 … $n$</th><th>最终消费</th><th>资本形成</th><th>出口</th><th>省外流出</th><th>合计</th></tr>
<tr><td rowspan="3">中间投入</td><td rowspan="2">国内投入</td><td>省内投入</td><td>1<br>2<br>⋮<br>$n$</td><td>$X_{ij}^D$</td><td>$C^D$</td><td>$IN^D$</td><td>$EX^D$</td><td>$OF^D$</td><td>$Y^D$</td><td></td><td></td><td>$X$</td></tr>
<tr><td>省外投入</td><td>1<br>2<br>⋮<br>$n$</td><td>$X_{ij}^F$</td><td>$C^F$</td><td>$IN^F$</td><td>$EX^F$</td><td>$OF^F$</td><td>$Y^F$</td><td></td><td>$IF$</td><td></td></tr>
<tr><td>国外投入</td><td>进口</td><td>1<br>2<br>⋮<br>$n$</td><td>$X_{ij}^M$</td><td>$C^M$</td><td>$IN^M$</td><td>$EX^M$</td><td>$OF^M$</td><td>$Y^M$</td><td>$IM$</td><td></td><td></td></tr>
<tr><td colspan="3">增加值</td><td colspan="2">$V$</td><td colspan="8"></td></tr>
<tr><td colspan="3">总投入</td><td colspan="2">$X$</td><td colspan="8"></td></tr>
</table>

注：表中上标 $D$、$F$、$M$，分别表示省内、省外和进口产品。

资本形成、出口和省外流出）各项中的具体流向。中间使用的进口矩阵、省外流入矩阵与进口产品和省外流入产品最终使用的各列向量完整表现出所有进口产品和省外流入产品的投入与使用状况。由于所有进口产品、省外流入产品与省内产品进行了分离，因此在第Ⅱ象限中，进口和省外流入这两列将不再需要单列。

从横向上看，省内投入部分反映本地生产产品提供给本地生产过程中的中间使用数量和本地最终使用数量及构成；省外投入与进口部分反映省外流入与进口产品提供给本地生产过程的中间使用数量和本地最终使用的数量及构成。从纵向上看，则可以反映生产中间使用产品和最终使用产品所需要的各项投入，包括由省内省外和进口提供的所有中间投入以及一般投入产出表第Ⅲ象限增加值中所包含的劳动者报酬、企业盈余等投入。

表3－6在横向、纵向上具有下列等式关系。

省内产品：

总产出＝中间使用＋最终使用
＝中间使用＋(最终消费＋资本形成
＋省外流出＋出口)

省外产品：

省外流入＝中间使用＋最终使用
＝中间使用＋(最终消费＋资本形成
＋省外流出＋出口)

进口产品：

进口＝中间使用＋最终使用
＝中间使用＋(最终消费＋资本形成
＋省外流出＋出口)

纵向关系：

总投入＝中间投入＋初始投入＝中间投入＋增加值

若用投入产出表中的元素表示，可以分别写成如下形式：

省内产品：

$$x_i^d = \sum_{j=1}^{n} x_{ij}^d + y_i^d = \sum_{j=1}^{n} x_{ij}^d + (c_i^d + in_i^d + ex_i^d + of_i^d) \tag{3-30}$$

省外产品：

$$x_i^f = \sum_{j=1}^{n} x_{ij}^f + y_i^f = \sum_{j=1}^{n} x_{ij}^f + (c_i^f + in_i^f + ex_i^f + of_i^f) \tag{3-31}$$

进口产品：

$$x_i^m = \sum_{j=1}^{n} x_{ij}^m + y_i^m = \sum_{j=1}^{n} x_{ij}^m + (c_i^m + in_i^m + ex_i^m + of_i^m) \tag{3-32}$$

纵向关系：

$$x_j = \sum_{i=1}^{n} x_{ij}^d + \sum_{i=1}^{n} x_{ij}^m + \sum_{i=1}^{n} x_{ij}^f + v_j \tag{3-33}$$

就直接消耗系数而言，做如下的定义：

省内产品直接消耗系数：

$$a_{ij}^d = x_{ij}^d / x_j \tag{3-34}$$

省外产品直接消耗系数：

$$a_{ij}^f = x_{ij}^f / x_j \tag{3-35}$$

进口产品直接消耗系数：

$$a_{ij}^m = x_{ij}^m / x_j \tag{3-36}$$

上述公式中，小写字母代表各矩阵对应的具体元素，上标 $m$、$f$、$d$ 分别表示进口产品、省外流入产品以及省内产品，没有上标的是产品拆分之前地区投入产出表 3－5 中的元素。

显然，与表 3－5 不同的是，表 3－6 中无论是中间使用还是最终使用均是单纯指省内、省外或进口产品的使用量。

### （三）一般的地区投入产出表与非竞争型地区投入产出表的比较

对比一般的地区投入产出表和非竞争型地区投入产出表，可以发现两者的元素之间存在如下的数量关系：

$$x_{ij}^{d} + x_{ij}^{m} + x_{ij}^{f} = x \tag{3-37}$$

$$\vdots$$

$$c_{i}^{d} + c_{i}^{m} + c_{i}^{f} = c_{i} \tag{3-38}$$

$$y_{i}^{d} + y_{i}^{m} + y_{i}^{f} = y_{i} \tag{3-39}$$

$$a_{ij}^{d} + a_{ij}^{m} + a_{ij}^{f} = a_{ij} \tag{3-40}$$

式（3-40）显示竞争型地区投入产出表的直接消耗系数 $a_{ij}$ 既包括了本地生产产品的直接消耗系数 $a_{ij}^{d}$，又包括省外流入产品的直接消耗系数 $a_{ij}^{f}$，同时还包括了进口产品的直接消耗系数 $a_{ij}^{m}$。也就是说 $a_{ij}$ 大于实际的 $a_{ij}^{d}$，即 $a_{ij}$ 不能体现出本地各部门在中间使用过程中对本地产品的真实消耗需求，因此，基于 $a_{ij}$ 建立的完全消耗系数矩阵也将产生偏差。

另外，一般的地区投入产出表将全部的省外流入产品与进口仅作为外生变量列入第Ⅱ象限的最终使用列，这将无法准确估算各项最终使用对本地各部门的关联程度和拉动作用，也无法区别本地产品、省外流入产品与进口各自对经济增长的影响，从而在采用一般的竞争型地区投入产出模型进行实证分析、提出政策建议时会造成估计结果与实际存在较大偏差，使得某些部门的产业定位发生偏差，从而影响后续的发展。

## 二、浙江省非竞争型投入产出表的编制

### （一）我国地区投入产出表编制概况

1987 年 3 月，国务院办公厅印发了《关于进行全国投入产

出调查的通知》，决定在全国进行 1987 年投入产出调查，编制全国 1987 年投入产出表，并在以后每 5 年进行一次。到目前为止，国家已经编制了 1987 年、1992 年、1997 年、2002 年、2007 年、2012 年六张投入产出表（基本表），并编制了相应的投入产出延长表，即 1990 年、1995 年、2000 年、2005 年、2010 年、2015 年六张投入产出延长表。与此同时，除西藏及港、澳、台地区以外，全国 30 个省（自治区、直辖市）与国家同步编制了相应年份的地区投入产出表，部分省（自治区、直辖市）还编制了不同年份的投入产出延长表。2008 年 8 月，国家统计局国民经济核算司出版了《2002 中国地区投入产出表》，这是公开发布的第一个关于全国 30 个地区的投入产出表，此外又相继出版了《2007 中国地区投入产出表》和《2012 中国地区投入产出表》，其中 2002 年和 2007 年投入产出表根据《国民经济行业分类》（GB/T4754—2002）标准，将地区经济划分为 42 个部门。2012 年的投入产出表则是根据《国民经济行业分类》（GB/T4754—2011）标准划分为 42 个部门。

浙江省从 1984 年开始编制投入产出表以来，已经编制了包括 1987 年、1992 年、1997 年、2002 年、2007 年、2012 年在内的六张投入产出基本表，以及相应的 1990 年、1995 年、2000 年、2005 年、2010 年、2015 年六张投入产出延长表。

### （二）非竞争型地区投入产出表编制基本思路

根据表 3－6 所示的非竞争型地区投入产出表基本表式，若要编制浙江省的非竞争型投入产出表，不仅需要掌握各部门对省内产品、省外产品以及进口产品的中间需求，同时还需要掌握省内产品、省外产品以及进口产品的消费、投资、国外以及省外等最终需求数据资料。然而，遗憾的是，现有的浙江省投入产出表是表 3－5 所示的一般的地区投入产出表，表中提供的中间使用和最终使用均是包含了三类产品的数据，而且对于进口产品和省外流入产品仅仅将总体数据单列于第Ⅱ象限，而并未有提供这两类产品详细的分部门使用去向的细分资料，故无法直接利用它来分析进出口的 GDP 贡献。因而，需要编制相应的非竞争型地区投入产出表。

如何从已有的地区投入产出表中将进口产品和省外产品进行拆分，并确定两种产品的分部门去向资料，即确定进口产品和省外产品的使用结构矩阵是编制非竞争型投入产出表的关键所在。综合考虑到浙江省现有投入产出数据资料以及后续定量分析的需要，本书将采用比例拆分法来编制浙江省的非竞争型投入产出表。编制的基本思路为：在一致性假定下，按照比例拆分法，将进口产品和省外产品从现有的浙江省投入产出表中拆分出来，并按比例确定省内产品、省外产品以及进口产品的使用结构矩阵。

### （三）浙江省非竞争型投入产出表的编制过程

基于上述非竞争型投入产出表编制思路，我们按照以下步骤来编制浙江省的非竞争型投入产出表。

步骤1：根据浙江省统计局编制的投入产出表表式（见表3-5），确立非竞争型投入产出表的基本表式（见表3-6），并分析两表中元素的具体数量关系。

步骤2：根据表3-5中间产品和最终产品的比例关系，推算表3-6中 $Y^M$、$Y^F$、$Y^D$ 以及 $X_{ij}^M$、$X_{ij}^F$、$X_{ij}^D$，即：

$$y_i^m = \frac{y_i}{y_i + \sum_{j=1}^{n} x_{ij}} im_i \qquad (3-41)$$

$$\sum_{j=1}^{n} x_{ij}^m = im_i - y_i^m \qquad (3-42)$$

$$x_{ij}^{m} = \sum_{j=1}^{n} x_{ij}^{m} \cdot \frac{x_{ij}}{\sum_{j=1}^{n} x_{ij}} \tag{3-43}$$

$$y_{i}^{f} = \frac{y_{i}}{y_{i} + \sum_{j=1}^{n} x_{ij}} if_{i} \tag{3-44}$$

$$\sum_{j=1}^{n} x_{ij}^{f} = if_{i} - y_{i}^{f} \tag{3-45}$$

$$x_{ij}^{f} = \sum_{j=1}^{n} x_{ij}^{f} \cdot \frac{x_{ij}}{\sum_{j=1}^{n} x_{ij}} \tag{3-46}$$

$$y_{i}^{d} = y_{i} - y_{i}^{m} - y_{i}^{f} \tag{3-47}$$

$$x_{ij}^{d} = x_{ij} - x_{ij}^{m} - x_{ij}^{f} \tag{3-48}$$

步骤3：推算表3-6中的 $C^{M}$、$IN^{M}$、$EX^{M}$、$OF^{M}$、$C^{F}$、$IN^{F}$、$EX^{F}$、$OF^{F}$、$C^{D}$、$IN^{D}$、$EX^{D}$、$OF^{D}$，即：

$$c_{i}^{m} = \frac{c_{i}}{y_{i}} y_{i}^{m} \tag{3-49}$$

$$in_{i}^{m} = \frac{in_{i}}{y_{i}} y_{i}^{m} \tag{3-50}$$

$$ex_{i}^{m} = \frac{ex_{i}}{y_{i}} y_{i}^{m} \tag{3-51}$$

$$of_{i}^{m} = \frac{of_{i}}{y_{i}} y_{i}^{m} \tag{3-52}$$

$$c_{i}^{f} = \frac{c_{i}}{y_{i}} y_{i}^{f} \tag{3-53}$$

$$in_{i}^{f} = \frac{in_{i}}{y_{i}} y_{i}^{f} \tag{3-54}$$

$$ex_{i}^{f} = \frac{ex_{i}}{y_{i}} y_{i}^{f} \tag{3-55}$$

$$of_i^f = \frac{of_i}{y_i} y_i^f \tag{3-56}$$

$$c_i^d = c_i - c_i^m - c_i^f \tag{3-57}$$

$$in_i^d = in_i - in_i^m - in_i^f \tag{3-58}$$

$$ex_i^d = ex_i - ex_i^m - ex_i^f \tag{3-59}$$

$$of_i^d = of_i - of_i^m - of_i^f \tag{3-60}$$

结合上述推算过程，就可以将浙江省 2002 年、2007 年、2012 年投入产出表以及 2005 年、2010 年、2015 年的投入产出延长表分别编制转化成各年的非竞争型投入产出表。

# 第四章　贸易对中国 GDP 贡献的测度

本章首先基于投入和产出的视角剖析进口、出口贸易影响经济的作用机制，并据此探究进口、出口贸易影响 GDP 的定量测度方法，然后结合第三章中国非竞争型投入产出表的编制结果，实际测度进口、出口贸易对中国 GDP 的影响，最后结合测度结果提出相应的政策建议。

## 第一节　贸易影响经济的作用机制分析

若要定量测度进口、出口贸易对 GDP 的贡献，首先需要厘清进口以及出口影响经济的作用机制。经济学理论阐明一国或地区产出主要受到供给和需求两方面因素的共同影响，因此可以从供给和需求两个方面来全面分析进口、出口贸易对经济的影响。

### 一、出口影响经济的作用机制分析

国际贸易中的比较优势理论表明，国家产品存在差异（比较优势），引致了产品的跨国流动，因此产生了进出口贸易活动。一国产品之所以能够出口，主要在于其与国外产品相比存在比较优势，外国存在着对本国产品的需求。因此，出口对本国产出的一个直接的正效应就体现在增加对本国产品的需求，提高本国企业产品的销售量，进而引致提升本国企业员工的收入、创造更多就业机会等方方面面的积极效应。

然而，从可提供给本国使用的角度来看，出口产品由于被国外使用，其国内供给量相应地缩减，故在本国产品供不应求的情况下，出口对本国产出就有一定程度上的负面影响。

因此，从对本国产品的需求角度来看，出口有益于促进经济增长；从可供给本国使用的角度来看，出口则无益于本国经济的增长。

## 二、进口影响经济的作用机制分析

与出口对经济的影响的分析相类似，进口对于 GDP 的影响也是双重的。一国之所以要从国外进口某种产品，主要的原因在于国外该产品存在比较优势，本国存在对他国该产品的需求。进口的国外产品，既可以是消费品，用以满足国内居民的最终消费需求，也可以是企业生产过程中所需要的中间产品或服务，用以维持国内企业的顺利生产。不管是为了满足最终消费需求还是为了满足中间生产的需求，这些产品或服务的进口对于居民、企业乃至整个宏观经济都具有积极的效应。

然而，在本国产品与进口产品同质的情况下，对国外产品的进口可能会对本国产品产生替代效应。所谓的替代效应指的是对国外产品使用量的增加，直接缩减了对本国同类产品的需求量，这对国内产出的影响无疑是消极的。

因此，从可供给本国使用的角度来看，进口有益于促进经济增长；从对本国产品的需求角度来看，进口则无益于本国经济的增长。

## 三、进口、出口贸易对 GDP 贡献测度的基本思路

上述关于进口、出口贸易影响一国经济的各种效应可以用表

4－1 进行概括。不难发现，进口和出口对经济影响的渠道不尽相同，它们的积极效应各有侧重，出口对经济的贡献主要体现在通过增加对本国产品需求量来拉动产出，即需求拉动型；而进口则是通过增加可供本国使用的产品量来推动经济的增长，即供给推动型。

**表 4－1　　进口、出口贸易影响经济的效应分析**

| 渠道 | 出口的效应 | 进口的效应 |
| --- | --- | --- |
| 对本国产品的需求 | 正效应 | 负效应 |
| 供本国使用的产品 | 负效应 | 正效应 |

鉴于出口对增长的贡献为需求拉动型，而进口对增长的贡献为供给推动型，故本书将进口与出口对经济增长的贡献分开来考察。具体地，基于投入产出表，从横向产出（需求）角度建立等式，考察出口对于 GDP 贡献的测度方法；从纵向投入（供给）角度建立等式，考察进口对于 GDP 贡献的测度方法。

## 第二节　贸易对 GDP 贡献的测度方法研究

如前所述，出口通过需求拉动，进口通过供给推动经济，而投入产出表的横向与纵向正是从需求和供给两个角度来全面反映国民经济的运行，故可以运用投入产出分析来定量测度进口、出口贸易对于 GDP 的贡献。

### 一、出口对 GDP 贡献的测度方法

对于确定了详细资料的非竞争性投入产出表 3－4 而言，若定义国内产品的直接消耗系数 $a_{ij}^{d}=x_{ij}^{d}/x_{j}$，则国内产品横向关系式可以改写成：

$$x_i = \sum_{j=1}^{n} a_{ij}^{d} x_j + y_i^{d} \tag{4-1}$$

写成矩阵形式为：

$$A^D X + Y^D = X \tag{4-2}$$

解得：

$$X = (I - A^D)^{-1} Y^D \tag{4-3}$$

而对于最终产品 $Y^D$ 而言，有：

$$Y^D = C^D + IN^D + EX^D \tag{4-4}$$

因此，式（4-3）的总产出向量又可以写成：

$$\begin{aligned} X &= (I - A^D)^{-1} C^D + (I - A^D)^{-1} IN^D + (I - A^D)^{-1} EX^D \\ &= X^C + X^{IN} + X^{EX} \end{aligned} \tag{4-5}$$

式（4-5）中，$X^C = (I - A^D)^{-1} C^D$ 是国内产品中由最终消费需求带来的总产出；$X^{IN} = (I - A^D)^{-1} IN^D$ 是由国内产品资本形成引致的总产出；$X^{EX} = (I - A^D)^{-1} EX^D$ 则是由国内产品的出口所诱发的总产出。

进一步，定义增加值率：

$$r_j = \frac{v_j}{x_j} \tag{4-6}$$

对于增加值率行向量 $R = (r_1, r_2, \cdots, r_n)$ 而言，GDP 可以表示为：

$$GDP = \sum_{j=1}^{n} v_j = (r_1, r_2, \cdots, r_n) \begin{pmatrix} x_1 \\ x_2 \\ \vdots \\ x_n \end{pmatrix} = RX$$

因此，由出口产生的增加值 $GDP^{EX}$ 可以表示为：

$$GDP^{EX} = RX^{EX} = R(I - A^D)^{-1}EX^D \tag{4-7}$$

进一步地，若把出口向量 $EX^D$ 写成对角矩阵的形式，即：

$$\widehat{EX}^D = diag(ex_1^d, ex_2^d, \cdots, ex_n^d) = \begin{pmatrix} ex_1^d & 0 & \cdots & 0 \\ 0 & ex_2^d & \cdots & 0 \\ \vdots & \vdots & \ddots & \vdots \\ 0 & 0 & \cdots & ex_n^d \end{pmatrix} \tag{4-8}$$

于是，部门出口产生的增加值向量 $V^{EX}$ 就可以表示为：

$$\begin{aligned} V^{EX} &= R(I - A^D)^{-1}\widehat{EX}^D \\ &= (r_1 \quad \cdots \quad r_n)\begin{pmatrix} b_{11} & b_{12} & \cdots & b_{1n} \\ b_{21} & b_{22} & \cdots & b_{2n} \\ \vdots & \vdots & \ddots & \vdots \\ b_{n1} & b_{n2} & \cdots & b_{nn} \end{pmatrix}\begin{pmatrix} ex_1^d & 0 & \cdots & 0 \\ 0 & ex_2^d & \cdots & 0 \\ \vdots & \vdots & \ddots & \vdots \\ 0 & 0 & \cdots & ex_n^d \end{pmatrix} \\ &= [ex_1^d(r_1 b_{11} + \cdots + r_n b_{n1}), \quad \cdots, \quad ex_n^d(r_1 b_{1n} + \cdots + r_n b_{nn})] \\ &= \left(ex_1^d \sum_{i=1}^n r_i b_{i1}, \quad \cdots, \quad ex_n^d \sum_{i=1}^n r_i b_{in}\right) \end{aligned} \tag{4-9}$$

式（4－9）中 $b_{ij}$ 是里列昂惕夫逆矩阵 $(I - A^D)^{-1}$ 的元素。

显然，向量 $V^{EX}$ 的分量 $V_i^{EX}$ 度量了第 $i$ 个部门出口产生的增加值。如第 1 个分量 $V_1^{EX} = ex_1^d \sum_{i=1}^n r_i b_{i1} = ex_1^d(r_1 b_{11} + \cdots + r_n b_{n1})$ 代表了第 1 个部门的出口量 $ex_1^d$ 所产生的各部门增加值的总和，它由直接产出 $ex_1^d r_1 b_{11}$ 和间接产出 $ex_1^d(r_2 b_{21} + \cdots + r_n b_{n1})$ 构成。其中，直接产出为第 1 个部门的出口为本部门带来的增加值，间接产出

则是通过中间联系间接为其他部门带来的增加值。

基于上述分析，可以从不同角度来度量出口对于 GDP 的贡献。

## （一）出口对 GDP 贡献的测度

### 1. 出口对 GDP 形成的贡献

出口产生的增加值占 GDP 的比重可以衡量出口之于增加值的贡献程度，因此，可以定义出口 GDP 贡献率 $\alpha^{EX}$ 为：

$$\alpha^{EX} = \frac{GDP^{EX}}{GDP} \tag{4-10}$$

为了衡量出口 GDP 贡献的效益，进一步地定义单位出口所产生的增加值（即出口贡献系数 $\beta^{EX}$ ）为：

$$\beta^{EX} = \frac{\text{出口产生的增加值}}{\text{出口值}} = \frac{\text{出口产生的增加值}/GDP}{\text{出口值}/GDP} = \frac{\text{出口对 GDP 的贡献率}}{\text{出口占 GDP 的比例}}$$

亦即：

$$\beta^{EX} = \frac{GDP^{EX}}{\text{sum}(EX^D)} = \frac{GDP^{EX}/GDP}{\text{sum}(EX^D)/GDP} = \frac{\alpha^{EX}}{\text{sum}(EX^D)/GDP} \tag{4-11}$$

其中，$\text{sum}(EX^D)$ 是列向量 $EX^D$ 的行和。

### 2. 出口对 GDP 增长的贡献

出口产生的 GDP 增量与 GDP 增量的对比可以衡量出口的增长对于 GDP 增长的贡献，若用 $GDP_t^{EX}$ 表示第 $t$ 年出口所产生的增加值，用 $GDP_t$ 表示第 $t$ 年的增加值，则出口增长对于 GDP 增长的贡献（即出口的 GDP 增长贡献率 $\gamma^{EX}$），可以定义为：

$$\gamma^{EX} = \frac{出口产生的\ GDP\ 增量}{GDP\ 增量} = \frac{GDP_t^{EX} - GDP_{t-1}^{EX}}{GDP_t - GDP_{t-1}} \tag{4-12}$$

## （二）部门出口对 GDP 贡献的测度

由于各部门出口产生的增加值向量为 $V^{EX} = RX^{EX} = R(I - A^D)^{-1}\widehat{EX}^D$，因此，部门 $i$ 出口对 GDP 的贡献 $\alpha_i^{EX}$ 即为向量 $\frac{V^{EX}}{GDP}$ 的第 $i$ 个元素，或者可以定义部门出口 GDP 贡献率向量（$\alpha_1^{EX}, \alpha_2^{EX}, \cdots, \alpha_n^{EX}$）为：

$$(\alpha_1^{EX}, \alpha_2^{EX}, \cdots, \alpha_n^{EX}) = \frac{V^{EX}}{GDP} \tag{4-13}$$

显然，出口总量对 GDP 形成的贡献是各部门出口 GDP 的贡献之和，即：

$$\alpha^{EX} = \sum_{i=1}^{n} \alpha_i^{EX} \tag{4-14}$$

由于出口贡献系数是单位出口对 GDP 的贡献，故要计算部门出口贡献系数，只需要在出口增加值 $GDP^{EX} = R(I - A^D)^{-1}EX^D$ 的计算过程中，对出口列向量 $EX^D$ 进行设定即可。如部门 $i$（不妨设为第 1 部门）1 个单位的出口对 GDP 的贡献，只需要将出口列向量的第一个分量取为 1，并定义其他分量为 0，此时的出口 GDP 贡献 $GDP^{EX}$ 可以表示为：

$$GDP^{EX} = R(I - A^D)^{-1}EX^D = (r_1, r_2, \cdots, r_n)\begin{pmatrix} b_{11} & b_{12} & \cdots & b_{1n} \\ b_{21} & b_{22} & \cdots & b_{2n} \\ \vdots & \vdots & \ddots & \vdots \\ b_{n1} & b_{n2} & \cdots & b_{nn} \end{pmatrix}\begin{pmatrix} 1 \\ 0 \\ \vdots \\ 0 \end{pmatrix}$$

$$= \left( \sum_{i=1}^{n} r_i b_{i1},\quad \sum_{i=1}^{n} r_i b_{i2},\quad \cdots,\quad \sum_{i=1}^{n} r_i b_{in} \right) \begin{pmatrix} 1 \\ 0 \\ \vdots \\ 0 \end{pmatrix}$$

$$= \sum_{i=1}^{n} r_i b_{i1} \tag{4-15}$$

显然，第 1 部门单位出口引起的增加值由两个部分构成：一是第 1 部门出口直接产生的增加值 $r_1 b_{11}$；二是由第 1 部门出口而引致的其他所有部门的增加值之和 $\sum_{i=2}^{n} r_i b_{i1}$。

不难发现，当所有部门都出口一个单位产品时，即可以得到每一个部门的出口贡献系数向量（$\beta_1^{EX}, \beta_2^{EX}, \cdots, \beta_n^{EX}$），即行向量 $R(I-A^D)^{-1}$：

$$(\beta_1^{EX}, \beta_2^{EX}, \cdots, \beta_n^{EX}) = R(I-A^D)^{-1} = \left( \sum_{i=1}^{n} r_i b_{i1}, \sum_{i=1}^{n} r_i b_{i2}, \cdots \sum_{i=1}^{n} r_i b_{in} \right) \tag{4-16}$$

另外，若定义部门出口比例列向量 $EX^D/\text{sum}(EX^D)$，则出口贡献系数 $\beta^{EX}$ 可以写成部门出口贡献系数的加权平均，其中权重为各部门的出口占比，即：

$$\beta^{EX} = \frac{GDP^{EX}}{\text{sum}(EX^D)} = \frac{(r_1, r_2, \cdots, r_n)}{\text{sum}(EX^D)} \begin{pmatrix} b_{11} & b_{12} & \cdots & b_{1n} \\ b_{21} & b_{22} & \cdots & b_{2n} \\ \vdots & \vdots & \ddots & \vdots \\ b_{n1} & b_{n2} & \cdots & b_{nn} \end{pmatrix} \begin{pmatrix} ex_1 \\ ex_2 \\ \vdots \\ ex_n \end{pmatrix}$$

$$= \frac{ex_1}{\text{sum}(EX^D)} \sum_{i=1}^{n} r_i b_{i1} + \cdots + \frac{ex_n}{\text{sum}(EX^D)} \sum_{i=1}^{n} r_i b_{in}$$

$$= \frac{ex_1}{\text{sum}(EX^D)} \beta_1^{EX} + \cdots + \frac{ex_n}{\text{sum}(EX^D)} \beta_n^{EX} \tag{4-17}$$

由此，出口贡献系数的大小取决于两个要素：一是部门出口贡献系数；二是出口结构。当部门出口贡献系数与出口结构排序一致时，出口贡献就会越大，反之亦然。据此，可以分析出口产品的部门结构合理性。

## 二、进口对 GDP 贡献的测度方法

出口作为需求的一部分，从需求方面拉动经济增长，而进口作为供给的一部分，主要是通过供给来推动经济增长。因此，可以从纵向供给角度来考察进口对 GDP 的贡献，如表 3 －4 所示的非竞争型投入产出表纵向元素之间存在如下关系：

$$x_j = \sum_{i=1}^{n} x_{ij}^{d} + \sum_{i=1}^{n} x_{ij}^{m} + v_j \tag{4-18}$$

若定义国内产品供给系数为：

$$s_{ij}^{d} = \frac{x_{ij}^{d}}{x_i} \tag{4-19}$$

定义进口产品的供给系数为：

$$s_{ij}^{m} = \frac{x_{ij}^{m}}{im_i} \tag{4-20}$$

式（4 －18）就可以改写成：

$$x_j = \sum_{i=1}^{n} s_{ij}^{d} x_i + \sum_{i=1}^{n} s_{ij}^{m} im_i + v_j \tag{4-21}$$

写成矩阵形式即［式（4 －22）中 $T$ 表示矩阵的转置］：

$$X = (S^D)^T X + (S^M)^T IM + V \tag{4-22}$$

整理得到：

$$X = [I - (S^D)^T]^{-1} (S^M)^T IM + [I - (S^D)^T]^{-1} V$$

$$= X^M + X^D \tag{4-23}$$

式（4－23）从供给的角度反映了总投入（等于总产出）$X$ 的构成，其中：

$X^M = [I-(S^D)^T]^{-1}(S^M)^T IM$ 表示进口产品中间投入；

$X^D = [I-(S^D)^T]^{-1}V$ 表示国内产品中间投入。

与出口对 GDP 贡献的分析方法一样，当增加值率矩阵为向量 $R$ 时，由进口而产生的增加值 $GDP^{IM}$ 为：

$$GDP^{IM} = RX^M = R[I-(S^D)^T]^{-1}(S^M)^T IM \tag{4-24}$$

若把进口向量 $IM$ 写成对角矩阵 $\widehat{IM}$ 的形式，即：

$$\widehat{IM} = diag(im_1, im_2, \cdots, im_n) = \begin{pmatrix} im_1 & 0 & \cdots & 0 \\ 0 & im_2 & \cdots & 0 \\ \vdots & \vdots & \ddots & \vdots \\ 0 & 0 & \cdots & im_n \end{pmatrix} \tag{4-25}$$

各部门的进口产生的增加值向量 $V^{IM}$ 就可以表示为：

$$\begin{aligned} V^{IM} &= R[I-(S^D)^T]^{-1}(S^M)^T \widehat{IM} \\ &= (r_1 \quad \cdots \quad r_n)\begin{pmatrix} c_{11} & c_{12} & \cdots & c_{1n} \\ c_{21} & c_{22} & \cdots & c_{2n} \\ \vdots & \vdots & \ddots & \vdots \\ c_{n1} & c_{n2} & \cdots & c_{nn} \end{pmatrix}\begin{pmatrix} im_1 & 0 & \cdots & 0 \\ 0 & im_2 & \cdots & 0 \\ \vdots & \vdots & \ddots & \vdots \\ 0 & 0 & \cdots & im_n \end{pmatrix} \\ &= (r_1c_{11} + \cdots + r_nc_{n1}, \ \cdots \ , r_1c_{1n} + \cdots + r_nc_{nn})\begin{pmatrix} im_1 & 0 & \cdots & 0 \\ 0 & im_2 & \cdots & 0 \\ \vdots & \vdots & \ddots & \vdots \\ 0 & 0 & \cdots & im_n \end{pmatrix} \end{aligned}$$

$$= [im_1(r_1c_{11} + \cdots + r_nc_{n1}),\quad \cdots,\quad im_n(r_1c_{1n} + \cdots + r_nc_{nn})]$$

$$= \left(im_1 \sum_{i=1}^{n} r_ic_{i1},\quad \cdots,\quad im_n \sum_{i=1}^{n} r_ic_{in}\right) \tag{4-26}$$

式（4-26）中 $c_{ij}$ 是矩阵 $[I-(S^D)^T]^{-1}(S^M)^T$ 的元素。

显然，向量 $V^{IM}$ 的诸分量度量了各部门进口带来的增加值。如第 1 个分量 $im_1 \sum_{i=1}^{n} r_ic_{i1} = im_1(r_1c_{11} + \cdots + r_nc_{n1})$ 度量了第 1 个部门的进口投入 $im_1$ 所产生的各部门总投入的增量而引致的增加值，它由直接增加量（$im_1r_1c_{11}$）和间接增加量（$im_1 \sum_{i=2}^{n} c_{i1}r_i = im_1c_{21}r_2 + \cdots + im_1c_{n1}r_n$）两部分构成。其中，前者为第 1 个部门的进口量直接为本部门带来的投入增量，后者则是通过各部门的中间联系而间接为其他部门带来的累积投入增量引致的增加值。

基于上述分析，亦可以从不同角度来度量进口对 GDP 的贡献。

## （一）进口对 GDP 贡献的测度

### 1. 进口对 GDP 形成的贡献

定义进口 GDP 贡献率 $\alpha^{IM}$ 为：

$$\alpha^{IM} = \frac{GDP^{IM}}{GDP} \tag{4-27}$$

进一步地，定义单位进口所产生的增加值（即进口贡献系数 $\beta^{IM}$）为：

$$\beta^{IM} = \frac{\text{进口产生的增加值}}{\text{进口值}} = \frac{\text{进口产生的增加值}/GDP}{\text{进口值}/GDP}$$

$$= \frac{\text{进口对}\ GDP\ \text{的贡献率}}{\text{进口占}\ GDP\ \text{的比例}}$$

亦即：

$$\beta^{IM} = \frac{GDP^{IM}}{\text{sum}(IM)} = \frac{GDP^{IM}/GDP}{\text{sum}(IM)/GDP} = \frac{\alpha^{IM}}{\text{sum}(IM)/GDP} \tag{4-28}$$

其中，sum($IM$) 是列向量 $IM$ 的行和。

**2. 进口增长对 GDP 增长的贡献**

若用 $GDP_t^{IM}$ 和 $GDP_t$ 分别表示第 $t$ 年进口所产生的增加值与第 $t$ 年的增加值，则进口增长对于 GDP 增长的贡献（称之为进口的 GDP 增长贡献率 $\gamma^{IM}$）就可以定义为：

$$\gamma^{IM} = \frac{\text{进口产生的}\ GDP\ \text{增量}}{GDP\ \text{增量}} = \frac{GDP_t^{IM} - GDP_{t-1}^{IM}}{GDP_t - GDP_{t-1}} \tag{4-29}$$

## （二）部门进口对 GDP 的贡献

由于各部门进口产生的增加值向量为 $V^{IM} = R[I - (S^D)^T]^{-1}(S^M)^T \widehat{IM}$，因此，部门 $i$ 的进口 GDP 贡献率 $\alpha_i^{IM}$ 即为向量 $\frac{V^{IM}}{GDP}$ 的第 $i$ 个元素，或者可以得到部门进口 GDP 贡献率向量 $(\alpha_1^{IM}, \alpha_2^{IM}, \cdots, \alpha_n^{IM})$ 为：

$$(\alpha_1^{IM}, \alpha_2^{IM}, \cdots, \alpha_n^{IM}) = \frac{V^{IM}}{GDP} \tag{4-30}$$

显然，进口对 GDP 形成的贡献是各个部门进口对 GDP 的贡献率之和，即：

$$\alpha^{IM} = \sum_{i=1}^{n} \alpha_i^{IM} \tag{4-31}$$

因为进口贡献系数衡量的是单位进口对 GDP 的贡献，故要计算部门进口贡献系数，只需要在进口增加值 $GDP^{IM} = RX^{M} = R[I-(S^{D})^{T}]^{-1}(S^{M})^{T}IM$ 的计算过程中，对进口列向量 $IM$ 进行设定即可。如部门 $i$（不妨设为第 1 部门）1 个单位的进口对 GDP 的贡献，只需要将进口列向量的第一个分量取为 1，并定义其他分量为 0，此时的进口 GDP 贡献为：

$$
\begin{aligned}
GDP^{IM} &= R[I-(S^{D})^{T}]^{-1}(S^{M})^{T}IM \\
&= (r_1 \quad \cdots \quad r_n)\begin{pmatrix} c_{11} & c_{12} & \cdots & c_{1n} \\ c_{21} & c_{22} & \cdots & c_{2n} \\ \vdots & \vdots & \ddots & \vdots \\ c_{n1} & c_{n2} & \cdots & c_{nn} \end{pmatrix}\begin{pmatrix} 1 \\ 0 \\ \vdots \\ 0 \end{pmatrix} \\
&= \left(\sum_{i=1}^{n} r_i c_{i1}, \quad \sum_{i=1}^{n} r_i c_{i2}, \quad \cdots, \quad \sum_{i=1}^{n} r_i c_{in}\right)\begin{pmatrix} 1 \\ 0 \\ \vdots \\ 0 \end{pmatrix} \\
&= \sum_{i=1}^{n} r_i c_{i1} \qquad (4-32)
\end{aligned}
$$

不难发现，第 1 部门单位进口引起的总投入由第 1 部门直接投入（$r_1 c_{11}$）和其他所有部门间接投入（$\sum_{i=2}^{n} r_i c_{i1}$）构成。而且，当所有部门都进口一个单位产品时，便可以得到每一个部门的进口贡献系数向量（$\beta_1^{IM}$，$\beta_2^{IM}$，…，$\beta_n^{IM}$），即行向量 $R[I-(S^{D})^{T}]^{-1}(S^{M})^{T}$：

$$
\begin{aligned}
(\beta_1^{IM},\beta_2^{IM},\cdots,\beta_n^{IM}) &= R[I-(S^{D})^{T}]^{-1}(S^{M})^{T} \\
&= \left(\sum_{i=1}^{n} r_i c_{i1}, \sum_{i=1}^{n} r_i c_{i2}, \cdots, \sum_{i=1}^{n} r_i c_{in}\right) \qquad (4-33)
\end{aligned}
$$

进一步地，定义部门进口比例列向量 $IM/\mathrm{sum}(IM)$，则进口

贡献系数 $\beta^{IM}$ 可以写成部门进口贡献系数的加权平均，即：

$$\beta^{IM} = \frac{IM}{\text{sum}(IM)}(\beta_1^{IM}, \beta_2^{IM}, \cdots, \beta_n^{IM}) \quad (4-34)$$

显然，进口贡献系数的大小受到部门进口贡献系数和进口结构两个因素的影响，当两者排序一致，进口贡献就会越大，反之亦然。或者说，部门进口贡献大的产品在进口中所占的比例越大，进口贡献系数就越大。

## 第三节　贸易对中国 GDP 贡献的定量测度

基于国家统计局提供的投入产出表基础数据资料，按照非竞争型投入产出表的编制方法和进口、出口贸易对 GDP 贡献的测度方法，本节开展进口、出口贸易以及部门进口、出口贸易对中国 GDP 贡献的实际测度工作。

### 一、数据来源

为了定量测度近年来进口贸易和出口贸易对中国 GDP 的贡献，并比较贸易贡献的动态变化，我们分别以国家统计局发布的 2002 年、2005 年、2007 年、2010 年、2012 年以及 2015 年的投入产出表（其中 2002 年、2007 年和 2012 年为投入产出基本表，2005 年、2010 年、2015 年为投入产出延长表）为基础数据①。

以下首先基于总量视角来测度并分析国内出口和进口对中国 GDP 的贡献，然后进一步地测度各个部门进口和出口贸易的 GDP 贡献并对部门贸易 GDP 贡献进行对比分析。

---

① 数据源自国家统计局投入产出协会网站（http：//www. stats. gov. cn/ztjc/tjzdgg/trccxh/zlxz/trccb/）。

## 二、贸易对中国 GDP 贡献的测度结果与分析

### （一）出口 GDP 贡献的测度结果与分析

基于 2002 年、2005 年、2007 年、2010 年、2012 年和 2015 年中国投入产出表的基础数据，遵照第三章式（3－11）～式（3－21）所示的过程，笔者编制了相应年份的非竞争型投入产出表①。进一步地，采用本章第二节提出的出口贸易对 GDP 贡献的测度方法，实际测度出口贸易之于我国 GDP 的贡献，具体结果如表 4－2 所示。

表 4－2 是基于非竞争型投入产出表测度的出口贸易对我国 GDP 的贡献，也就是对一般投入产出表进行了产品拆分处理后的测度，它能够纯粹地反映国内产品出口对于经济的贡献。

首先可以分析 2002 年、2007 年、2012 年三个投入产出基本表编制年度国内产品出口对 GDP 形成以及 GDP 增长的贡献状况。

从 2002 年测度结果来看，国内出口商品总值为 266034332 万元，占同年 GDP 的 21.83%；国内产品出口产生的 GDP 总值为 222290390 万元，其对 GDP 形成的贡献率为 18.24%；单位出口产生的 GDP 高达 0.8356。

从 2007 年测度结果来看，出口商品总值达到 830046090 万元，占同年 GDP 的 31.20%；国内商品出口产生的 GDP 总值为 652629213 万元，它对 GDP 形成的贡献率达到 24.53%；单位出口产生的 GDP 为 0.7863；出口增长对于 GDP 增长的贡献率也达到了 29.85%。出口对 GDP 形成和 GDP 增长的贡献都较大。

① 限于篇幅，书中未列，若需要详细数据可向作者索取。

表 4-2 各年度出口对中国 GDP 贡献的测度结果

| 指标 | 2002 年 | 2005 年 | 2007 年 | 2010 年 | 2012 年 | 2015 年 |
|---|---|---|---|---|---|---|
| GDP（万元） | 1218589041 | 1850188351 | 2660438111 | 4036489753 | 5368001709 | 6802541161 |
| 出口总值（万元） | 266034332 | 568662189 | 830046090 | 990333317 | 1220568932 | 1350020241 |
| 出口的 GDP 占比（%） | 21.83 | 30.74 | 31.20 | 24.53 | 22.74 | 19.85 |
| 出口产生的 GDP（$GDP^{EX}$）（万元） | 222290390 | 440957138 | 652629213 | 790718175 | 987253054 | 1135819981 |
| 出口 GDP 贡献率（$\alpha^{EX}$）（%） | 18.24 | 23.83 | 24.53 | 19.59 | 18.39 | 16.69 |
| 出口 GDP 贡献系数（$\beta^{EX}$） | 0.8356 | 0.7754 | 0.7863 | 0.7984 | 0.8088 | 0.8413 |
| GDP 年均增长率（%） | — | 23.22 | 21.56 | 18.66 | 17.91 | 15.41 |
| 出口年均增长率（%） | — | 46.20 | 32.90 | 20.66 | 18.44 | 14.49 |
| 出口的增长贡献率（$\gamma^{EX}$）（%） | — | 34.62 | 29.85 | 15.08 | 18.44 | 16.36 |

资料来源：根据《中国统计年鉴》各年数据整理以及本书编制的各年中国非竞争型投入产出表计算。

从 2012 年测度结果来看，出口商品总值越过 10 亿元，达到了 1220568932 万元，占同年 GDP 的 22.74%；国内商品出口产生的 GDP 总值为 987253054 万元，其对 GDP 形成的贡献率为 18.39%；单位出口产生的 GDP 达到了 0.8088；出口增长对于 GDP 的增长的贡献率也达到了 18.44%。出口对 GDP 的贡献较大，而且出口 GDP 贡献系数表现较为突出。

进一步地，加入 2005 年、2010 年以及 2015 年三个投入产出延长表描述年度国内产品出口对 GDP 贡献的测度结果，可以大致分析近年来出口对我国 GDP 贡献的长期变化。

从出口对 GDP 贡献的动态变化来看，国内商品出口产生的 GDP 总值在 2002～2007 年增长迅速，伴随着 GDP 从 2002 年的 1218589041 万元增加到 2007 年的 2660438111 万元，出口产生的 GDP 也从 2002 年的 222290390 万元增加到 2007 年的 652629213 万元。如图 4－1 所示，出口对 GDP 的贡献率从 2002 年的 18.24%增加到 2007 年的 24.53%。2007～2015 年，出口占 GDP 的比重从 2007 年的 31.2%下降到 2012 年的 22.74%，再下降到 2015 年的 19.85%，相应的出口对 GDP 的贡献率也从 2007 年的

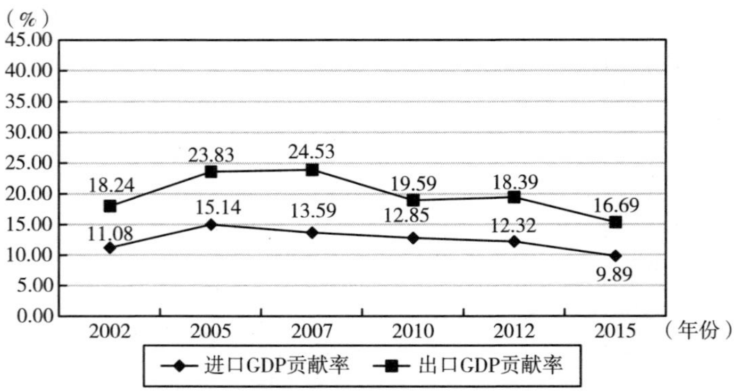


**图 4－1　2002～2015 年我国进口、出口 GDP 贡献率的变化趋势**

资料来源：根据表 4－2 和表 4－3 测算结果数据绘制。

24.53%缓慢下降到 2012 年的 18.39%，再下降至 2015 年的 16.69%。出口对 GDP 贡献如此变化过程，可能与 2008 年的金融危机不无关系，危机前出口对 GDP 的贡献率保持高速上涨的态势，2008 年后的金融危机时期，由于出口总体环境不利，出口对于 GDP 的贡献未能延续危机前的增速。

如图 4－2 所示，出口贡献系数由 2002 年的 0.8356 降至 2007 年的 0.7863，此后缓慢上升至 2012 的 0.8088，2015 年上升至 0.8413。这说明，单位出口产生的增加值在经历了小幅下降后，开始逐步回升，出口效益在后金融危机时代开始有所提升。另外，此处的测度结果也反映了出口对 GDP 形成贡献的一般规律：如果出口增长率高于 GDP 的增长率，那么出口对 GDP 的贡献就会上升，反之则下降。当然，这一规律也不能一概而论，因为出口对于 GDP 的贡献还与国内价格指数、外贸价格指数、外贸产品结构等多项因素相关。

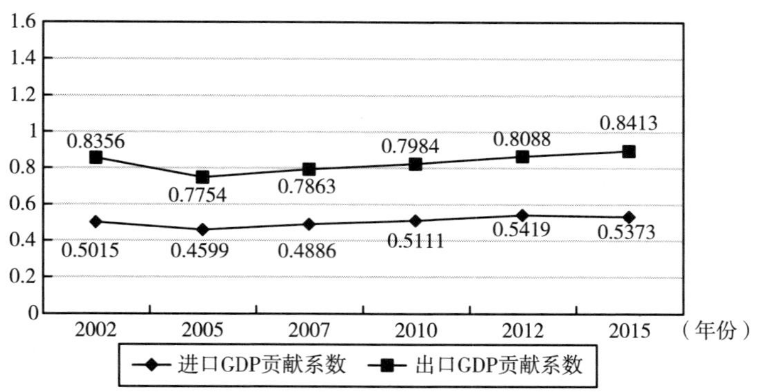


**图 4－2　2002～2015 年我国进口、出口 GDP 贡献系数的变化趋势**

资料来源：根据表 4－2 和表 4－3 测算结果绘制。

## （二）进口 GDP 贡献的测度结果与分析

基于中国非竞争型投入产出表和式（4－18）～式（4－29）提

出的测度方法，可以测度进口对我国的 GDP 形成及 GDP 增长的贡献，具体结果如表 4－3 所示。

表 4－3　　各年度进口对中国 GDP 贡献的测度结果

| 指标＼年份 | 2002 年 | 2005 年 | 2007 年 | 2010 年 | 2012 年 | 2015 年 |
|---|---|---|---|---|---|---|
| GDP（万元） | 1218589041 | 1850188351 | 2660438111 | 4036489753 | 5368001709 | 6802541161 |
| 进口总值（万元） | 269424809 | 609190274 | 740205547 | 1015151807 | 1220269787 | 1251531021 |
| 进口的 GDP 占比（%） | 22.11 | 32.93 | 27.82 | 25.15 | 22.73 | 18.40 |
| 进口产生的 GDP（$GDP^{IM}$）（万元） | 135128178 | 280155865 | 361649052 | 518802358 | 661218209 | 672438494 |
| 进口 GDP 贡献率（$\alpha^{IM}$）（%） | 11.08 | 15.14 | 13.59 | 12.85 | 12.32 | 9.89 |
| 进口 GDP 贡献系数（$\beta^{IM}$） | 0.5015 | 0.4599 | 0.4886 | 0.5111 | 0.5419 | 0.5373 |
| GDP 年均增长率（%） | — | 23.22 | 21.56 | 18.66 | 17.91 | 15.41 |
| 进口年均增长率（%） | — | 50.37 | 28.74 | 20.86 | 18.27 | 13.65 |
| 进口的增长贡献率（$\gamma^{IM}$）（%） | — | 22.96 | 15.71 | 13.62 | 12.68 | 9.62 |

资料来源：根据《中国统计年鉴》各年数据整理以及本书编制的各年中国非竞争型投入产出表计算。

根据表 4－3 的测度结果，首先可以看到 2002 年、2007 年以及 2012 年三个投入产出表基本表编制年份进口对 GDP 形成及增长的贡献。

从 2002 年测度结果来看，中国进口总值为 269424809 万元，占同年 GDP 的 22.11%；进口产生的 GDP 总值为 135128178 万元，其对 GDP 形成的贡献率为 11.08%；单位进口产生的 GDP 为 0.5015。

从 2007 年的测度结果来看，进口总值为 740205547 万元，占同年 GDP 的 27.82%；进口产生的 GDP 总值为 361649052 万元，其对 GDP 形成的贡献率为 13.59%；单位进口产生的 GDP 为 0.4886；进口增长对于 GDP 增长的贡献率为 15.71%。

从 2012 年的测度结果来看，进口总值跨越了 10 亿大关，达到了 1220269787 万元，占同年 GDP 的 22.73%；进口产生的 GDP 总值为 661218209 万元，其对 GDP 形成的贡献率为 12.32%；单位进口产生的 GDP 超过了 0.5，达到了 0.5419；进口增长对于 GDP 增长的贡献率为 12.68%。

其次，加入 2005 年、2010 年以及 2015 年三个投入产出延长表编制年度描述进口对 GDP 贡献的测度结果，进一步分析近年来进口对我国 GDP 贡献的长期变化。从进口对 GDP 贡献的动态变化来看，2002 ~ 2015 年间进口产生的 GDP 总量持续增加，从 2002 年的 135128178 万元增加到 2007 年的 361649052 万元，并于 2015 年升至 672438494 万元。如图 4 - 1 所示，进口对 GDP 的贡献率呈现出先上升后下降的态势，从 2002 年的 11.08% 上升到 2007 年的 13.59%，2015 年降至 9.89%。与此同时，图 4 - 2 中进口对 GDP 的贡献系数则呈现出先降后升的态势，由 2002 年的 0.5015 降至 2007 年的 0.4886，之后缓慢回升至 2012 年的 0.5419，进口效益在后金融危机时代开始缓慢提升。

最后，综合表 4 - 2、表 4 - 3 以及图 4 - 1 和图 4 - 2，还可以对比分析进口、出口对于 GDP 贡献的差异。无论是从对 GDP 形成的贡献（GDP 形成总量、GDP 形成贡献率、贡献系数），还是从对 GDP 增长的贡献来看，出口对于 GDP 的贡献都要大于进口的贡献。

## 三、部门贸易对 GDP 贡献的测度结果与分析

### （一）部门出口 GDP 贡献的测度结果与分析

为了定量测度各部门出口贸易对中国 GDP 的贡献，并分析当前我国出口贸易结构，以下基于 2002 年、2005 年、2007 年、2010 年、2012 年以及 2015 年的 42 个部门的中国非竞争型投入产出表，采用式（4－13）~式（4－17）所示的计算公式分别测度各年度部门出口对 GDP 的贡献，具体结果如表 4－4 ~ 表4－9 所示。

**表 4－4　2002 年部门出口贸易对中国 GDP 贡献测度结果**

| 部门 | 产生的 GDP（$V_i^{EX}$）（万元） | 出口贡献率（$\alpha_i^{EX}$）（%） | 出口结构（%） | 出口贡献系数（$\beta_i^{EX}$） |
|---|---|---|---|---|
| 农业 | 4356329 | 0.3575 | 1.7399 | 0.9411 |
| 煤炭开采和洗选业 | 1438476 | 0.1180 | 0.5879 | 0.9198 |
| 石油和天然气开采业 | 839083 | 0.0689 | 0.3364 | 0.9377 |
| 金属矿采选业 | 131461 | 0.0108 | 0.0561 | 0.8813 |
| 非金属矿采选业 | 1208240 | 0.0992 | 0.5094 | 0.8915 |
| 食品制造及烟草加工业 | 7916950 | 0.6497 | 3.2362 | 0.9196 |
| 纺织业 | 20229686 | 1.6601 | 9.0001 | 0.8449 |
| 服装皮革羽绒及其制品业 | 21932075 | 1.7998 | 9.7794 | 0.8430 |
| 木材加工品及家具制造业 | 5588986 | 0.4586 | 2.3916 | 0.8784 |
| 造纸印刷和文教用品制造业 | 7949611 | 0.6524 | 3.4269 | 0.8720 |

续表

| 部门 | 产生的 GDP（$V_i^{EX}$）（万元） | 出口贡献率（$\alpha_i^{EX}$）（%） | 出口结构（%） | 出口贡献系数（$\beta_i^{EX}$） |
|---|---|---|---|---|
| 石油加工、炼焦及核燃料加工业 | 1883874 | 0.1546 | 0.9090 | 0.7790 |
| 化学工业 | 15475028 | 1.2699 | 7.0021 | 0.8307 |
| 非金属矿物制品业 | 3547300 | 0.2911 | 1.5191 | 0.8778 |
| 金属冶炼和压延加工业 | 3473594 | 0.2851 | 1.5533 | 0.8406 |
| 金属制品业 | 8169981 | 0.6704 | 3.6854 | 0.8333 |
| 通用、专用设备制造业 | 8600050 | 0.7057 | 3.9684 | 0.8146 |
| 交通运输设备制造业 | 4800567 | 0.3939 | 2.2198 | 0.8129 |
| 电气、机械及器材制造业 | 13264817 | 1.0885 | 6.1922 | 0.8052 |
| 通信设备、计算机及其他电子设备制造业 | 23878172 | 1.9595 | 13.0483 | 0.6879 |
| 仪器仪表及文化办公用机械制造业 | 5700806 | 0.4678 | 2.8585 | 0.7497 |
| 其他制造业 | 3469416 | 0.2847 | 1.5092 | 0.8641 |
| 废品废料 | 51083 | 0.0042 | 0.0192 | 1.0000 |
| 电力、热力的生产和供应业 | 466917 | 0.0383 | 0.1925 | 0.9118 |
| 燃气生产和供应业 | 0 | 0.0000 | 0.0000 | 0.8737 |
| 水的生产和供应 | 0 | 0.0000 | 0.0000 | 0.9208 |
| 建筑业 | 885093 | 0.0726 | 0.3921 | 0.8486 |
| 交通运输及仓储业 | 12468302 | 1.0232 | 5.2221 | 0.8975 |
| 邮政业 | 303083 | 0.0249 | 0.1281 | 0.8895 |
| 信息传输、软件和信息技术服务 | 1097798 | 0.0901 | 0.4765 | 0.8660 |
| 批发和零售 | 23209378 | 1.9046 | 9.5226 | 0.9162 |

续表

| 部门 | 产生的 GDP ($V_i^{EX}$)（万元） | 出口贡献率 ($\alpha_i^{EX}$)（%） | 出口结构（%） | 出口贡献系数 ($\beta_i^{EX}$) |
|---|---|---|---|---|
| 住宿和餐饮业 | 3297038 | 0.2706 | 1.3319 | 0.9305 |
| 金融保险业 | 198568 | 0.0163 | 0.0791 | 0.9437 |
| 房地产业 | 0 | 0.0000 | 0.0000 | 0.9573 |
| 租赁和商务服务业 | 6293010 | 0.5164 | 2.8538 | 0.8289 |
| 旅游业 | 1141044 | 0.0936 | 0.4514 | 0.9503 |
| 科学研究事业 | 0 | 0.0000 | 0.0000 | 0.8428 |
| 综合技术服务业 | 0 | 0.0000 | 0.0000 | 0.9238 |
| 其他服务业 | 6862788 | 0.5632 | 2.9127 | 0.8857 |
| 教育事业 | 133619 | 0.0110 | 0.0538 | 0.9343 |
| 卫生、社会保障和社会福利事业 | 0 | 0.0000 | 0.0000 | 0.8753 |
| 文化、体育和娱乐业 | 1745711 | 0.1433 | 0.7210 | 0.9102 |
| 公共管理和社会组织 | 282455 | 0.0232 | 0.1142 | 0.9300 |
| 合计 | 222290390 | 18.2416 | 100.0000 | |

资料来源：根据本书编制的 2002 年中国非竞争型投入产出表计算。

表 4-4 的测度结果显示，2002 年 42 个部门中出口 GDP 贡献率位居前五位的依次是通信设备、计算机及其他电子设备制造业（1.9595%）[①]，批发和零售（1.9046%），服装皮革羽绒及其制品业（1.7798%），纺织业（1.6601%），化学工业（1.2699%）。五个部门出口 GDP 贡献率均超过了 1%，累积贡献率达到了 8.5739%，占 2002 年 42 个部门出口总 GDP 贡献率（18.24%）的 47.01%。

从出口部门结构来看，出口占比位列前五的部门分别是通信

① 括号内的数据为相应的部门 GDP 贡献率，下同。

设备、计算机及其他电子设备制造业（13.0483%）[①]，服装皮革羽绒及其制品业（9.7794%），批发和零售（9.5226%），纺织业（9.0001%），化学工业（7.0021%）。

从出口贡献系数来看，出口贡献系数排名前五的部门分别是废品废料（1）[②]、房地产业（0.9573）、旅游业（0.9503）、金融保险业（0.9437）、农业（0.9411），然而这五个部门的出口占比，除了农业占比达到 1.7399% 之外，废品废料、房地产业、旅游业、金融保险业四个部门出口占比都较低，依次仅为 0.1925%、0、0.4514%、0.0791%。

表 4－5 的测度结果显示，2005 年 42 个部门中出口 GDP 贡献率位居前五位的依次是通信设备、计算机及其他电子设备制造业（3.4613%），批发和零售（2.2936%），纺织业（2.1493%），服装皮革羽绒及其制品业（1.9463%），化学工业（1.7461%）。五个部门出口 GDP 贡献率均超过了 1.7%，且累积贡献率为 11.5966%，占 2005 年 42 个部门出口总 GDP 贡献率（23.83%）的 48.66%。

表 4－5　2005 年部门出口贸易对中国 GDP 贡献测度结果

| 部门 | 产生的 GDP（$V_i^{EX}$）（万元） | 出口贡献率（$\alpha_i^{EX}$）（%） | 出口结构（%） | 出口贡献系数（$\beta_i^{EX}$） |
|---|---|---|---|---|
| 农业 | 5289401 | 0.2859 | 1.0111 | 0.9199 |
| 煤炭开采和洗选业 | 2198802 | 0.1188 | 0.4490 | 0.8612 |
| 石油和天然气开采业 | 772762 | 0.0418 | 0.1484 | 0.9159 |
| 金属矿采选业 | 466828 | 0.0252 | 0.1022 | 0.8033 |
| 非金属矿采选业 | 1826145 | 0.0987 | 0.3963 | 0.8103 |

① 括号内的数据为相应的部门出口占比，下同。

② 括号内的数据为相应的部门 GDP 贡献系数，下同。

续表

| 部门 | 产生的 GDP（$V_i^{EX}$）（万元） | 出口贡献率（$\alpha_i^{EX}$）（%） | 出口结构（%） | 出口贡献系数（$\beta_i^{EX}$） |
|---|---|---|---|---|
| 食品制造及烟草加工业 | 13391174 | 0.7238 | 2.6589 | 0.8856 |
| 纺织业 | 39766922 | 2.1493 | 8.5512 | 0.8178 |
| 服装皮革羽绒及其制品业 | 36010486 | 1.9463 | 7.6875 | 0.8237 |
| 木材加工品及家具制造业 | 12631366 | 0.6827 | 2.6753 | 0.8303 |
| 造纸印刷和文教用品制造业 | 14260924 | 0.7708 | 3.1359 | 0.7997 |
| 石油加工、炼焦及核燃料加工业 | 4916721 | 0.2657 | 1.0757 | 0.8038 |
| 化学工业 | 32306808 | 1.7461 | 7.3557 | 0.7724 |
| 非金属矿物制品业 | 7243513 | 0.3915 | 1.5593 | 0.8169 |
| 金属冶炼和压延加工业 | 12635928 | 0.6830 | 2.9765 | 0.7465 |
| 金属制品业 | 20663066 | 1.1168 | 4.7168 | 0.7704 |
| 通用、专用设备制造业 | 21279184 | 1.1501 | 4.9229 | 0.7601 |
| 交通运输设备制造业 | 11981042 | 0.6476 | 2.7749 | 0.7593 |
| 电气、机械及器材制造业 | 263380046 | 1.4258 | 6.2219 | 0.7456 |
| 通信设备、计算机及其他电子设备制造业 | 640408950 | 3.4613 | 18.2503 | 0.6171 |
| 仪器仪表及文化办公用机械制造业 | 12354717 | 0.6678 | 3.1441 | 0.6910 |
| 其他制造业 | 5838382 | 0.3156 | 1.2430 | 0.8260 |
| 废品废料 | 0 | 0.0000 | 0.0000 | 1.0000 |
| 电力、热力的生产和供应业 | 454749 | 0.0246 | 0.0971 | 0.8239 |

续表

| 部门 | 产生的 GDP（$V_i^{EX}$）（万元） | 出口贡献率（$\alpha_i^{EX}$）（%） | 出口结构（%） | 出口贡献系数（$\beta_i^{EX}$） |
|---|---|---|---|---|
| 燃气生产和供应业 | 0 | 0.0000 | 0.0000 | 0.8369 |
| 水的生产和供应 | 0 | 0.0000 | 0.0000 | 0.8777 |
| 建筑业 | 1732173 | 0.0936 | 0.3723 | 0.8181 |
| 交通运输及仓储业 | 23733096 | 1.2827 | 4.9611 | 0.8412 |
| 邮政业 | 294708 | 0.0159 | 0.0594 | 0.8718 |
| 信息传输、软件和信息技术服务 | 2223167 | 0.1202 | 0.4807 | 0.8133 |
| 批发和零售 | 42435254 | 2.2936 | 8.0455 | 0.9275 |
| 住宿和餐饮业 | 4401922 | 0.2379 | 0.8625 | 0.8975 |
| 金融保险业 | 494886 | 0.0267 | 0.0947 | 0.9187 |
| 房地产业 | 0 | 0.0000 | 0.0000 | 0.9581 |
| 租赁和商务服务业 | 4324633 | 0.2337 | 1.0188 | 0.7465 |
| 旅游业 | 0 | 0.0000 | 0.0000 | 0.7830 |
| 科学研究事业 | 0 | 0.0000 | 0.0000 | 0.8398 |
| 综合技术服务业 | 39 | 0.0000 | 0.0000 | 0.8539 |
| 其他服务业 | 12866773 | 0.6954 | 2.6034 | 0.8691 |
| 教育事业 | 0 | 0.0000 | 0.0000 | 0.9140 |
| 卫生、社会保障和社会福利事业 | 0 | 0.0000 | 0.0000 | 0.7927 |
| 文化、体育和娱乐业 | 1374994 | 0.0743 | 0.2767 | 0.8740 |
| 公共管理和社会组织 | 365632 | 0.0198 | 0.0710 | 0.9060 |
| 合计 | 440957138 | 23.8331 | 100 | |

资料来源：根据本书编制的 2005 年中国非竞争型投入产出表计算。

从出口部门结构来看，出口占比位列前五的部门分别是通信设备、计算机及其他电子设备制造业（18.2503%），纺织业（8.5512%），批发和零售（8.0455%），服装皮革羽绒及其制品业（7.6875%），化学工业（7.3357%）。

从出口贡献系数来看，出口贡献系数排名前五的部门分别是废品废料（1）、房地产业（0.9581）、批发和零售（0.9275）、农业（0.9199）、金融保险业（0.9187），而且这五个部门中批发和零售的出口占比高达8.0455%，农业的出口占比也达到了1.0111%，其他三个部门的出口占比却都非常低。

表4-6的测度结果显示，2007年42个部门中出口GDP贡献率位居前五位的依次是通信设备、计算机及其他电子设备制造业（3.6882%），纺织业（2.5465%），化学工业（1.8567%），服装皮革羽绒及其制品业（1.7688%），电气、机械及器材制造业（1.7130%）。五个部门出口GDP贡献率均超过了1.7%，且累积贡献率为11.5732%，占2007年42个部门出口总GDP贡献率（24.53%）的47.18%。

**表4-6　2007年部门出口贸易对中国GDP贡献测度结果**

| 部门 | 产生的GDP（$V_i^{EX}$）（万元） | 出口贡献率（$\alpha_i^{EX}$）（%） | 出口结构（%） | 出口贡献系数（$\beta_i^{EX}$） |
|---|---|---|---|---|
| 农业 | 5886002 | 0.2212 | 0.7639 | 0.9283 |
| 煤炭开采和洗选业 | 2037657 | 0.0766 | 0.2762 | 0.8887 |
| 石油和天然气开采业 | 973778 | 0.0366 | 0.1309 | 0.8965 |
| 金属矿采选业 | 405093 | 0.0152 | 0.0594 | 0.8210 |
| 非金属矿采选业 | 1197489 | 0.0450 | 0.1682 | 0.8577 |
| 食品制造及烟草加工业 | 16403154 | 0.6166 | 2.2161 | 0.8917 |
| 纺织业 | 67747351 | 2.5465 | 9.5959 | 0.8506 |
| 服装皮革羽绒及其制品业 | 47058592 | 1.7688 | 6.6024 | 0.8587 |
| 木材加工品及家具制造业 | 20381259 | 0.7661 | 2.8526 | 0.8608 |

续表

| 部门 | 产生的 GDP（$V_i^{EX}$）（万元） | 出口贡献率（$\alpha_i^{EX}$）（%） | 出口结构（%） | 出口贡献系数（$\beta_i^{EX}$） |
|---|---|---|---|---|
| 造纸印刷和文教用品制造业 | 17700149 | 0.6653 | 2.5869 | 0.8243 |
| 石油加工、炼焦及核燃料加工业 | 5010666 | 0.1883 | 0.8675 | 0.6959 |
| 化学工业 | 49396933 | 1.8567 | 7.6118 | 0.7818 |
| 非金属矿物制品业 | 12427845 | 0.4671 | 1.7591 | 0.8512 |
| 金属冶炼和压延加工业 | 36389397 | 1.3678 | 5.8129 | 0.7542 |
| 金属制品业 | 27431445 | 1.0311 | 4.1545 | 0.7955 |
| 通用、专用设备制造业 | 37888583 | 1.4241 | 5.8785 | 0.7965 |
| 交通运输设备制造业 | 23015125 | 0.8651 | 3.6109 | 0.7765 |
| 电气、机械及器材制造业 | 45572751 | 1.7130 | 7.3078 | 0.7679 |
| 通信设备、计算机及其他电子设备制造业 | 98121481 | 3.6882 | 18.3917 | 0.7513 |
| 仪器仪表及文化办公用机械制造业 | 12421742 | 0.4669 | 2.1698 | 0.6427 |
| 其他制造业 | 10648384 | 0.4002 | 1.5206 | 0.6897 |
| 废品废料 | 224871 | 0.0085 | 0.0286 | 0.8437 |
| 电力、热力的生产和供应业 | 566061 | 0.0213 | 0.0784 | 0.9477 |
| 燃气生产和供应业 | 0 | 0.0000 | 0.0000 | 0.8698 |
| 水的生产和供应 | 0 | 0.0000 | 0.0000 | 0.7201 |
| 建筑业 | 3382883 | 0.1272 | 0.4908 | 0.9101 |
| 交通运输及仓储业 | 33439119 | 1.2569 | 4.6426 | 0.8303 |
| 邮政业 | 411942 | 0.0155 | 0.0554 | 0.8677 |

续表

| 部门 | 产生的 GDP（$V_i^{EX}$）（万元） | 出口贡献率（$\alpha_i^{EX}$）（%） | 出口结构（%） | 出口贡献系数（$\beta_i^{EX}$） |
|---|---|---|---|---|
| 信息传输、软件和信息技术服务 | 3826271 | 0.1438 | 0.5169 | 0.8965 |
| 批发和零售 | 37078389 | 1.3937 | 4.8281 | 0.8919 |
| 住宿和餐饮业 | 6462420 | 0.2429 | 0.8563 | 0.9252 |
| 金融保险业 | 813451 | 0.0306 | 0.1032 | 0.9092 |
| 房地产业 | 0 | 0.0000 | 0.0000 | 0.9655 |
| 租赁和商务服务业 | 22077838 | 0.8299 | 3.2090 | 0.8289 |
| 旅游业 | 152221 | 0.0057 | 0.0219 | 0.8386 |
| 科学研究事业 | 0 | 0.0000 | 0.0000 | 0.8759 |
| 综合技术服务业 | 0 | 0.0000 | 0.0000 | 0.8924 |
| 其他服务业 | 2421171 | 0.0910 | 0.3352 | 0.8703 |
| 教育事业 | 234275 | 0.0088 | 0.0310 | 0.9097 |
| 卫生、社会保障和社会福利事业 | 338497 | 0.0131 | 0.0507 | 0.8283 |
| 文化、体育和娱乐业 | 2691844 | 0.1012 | 0.3643 | 0.8903 |
| 公共管理和社会组织 | 383124 | 0.0144 | 0.0504 | 0.9160 |
| 合计 | 652629213 | 24.5301 | 100 | |

资料来源：根据本书编制的 2007 年中国非竞争型投入产出表计算。

从出口部门结构来看，出口占比位列前五的部门分别是通信设备、计算机及其他电子设备制造业（18.3971%），纺织业（9.5959%），化学工业（7.6118%），电气、机械及器材制造业（7.3078%），服装皮革羽绒及其制品业（6.6024%）。

从出口贡献系数来看，出口贡献系数排名靠前的部门分别是房地产业（0.9655），电力、热力的生产和供应业（0.9477），农业（0.9283），住宿和餐饮业（0.9252），公共管理和社会组织（0.9160），然而这五个部门的出口占比都较低，依次仅为 0、0.0784%、0.7639%、0.8563%、0.0504%，均未超过当年出口总量的 1%。

表 4－7 的测度结果显示，2010 年 42 个部门中出口 GDP 贡献率位居前五位的依次是通信设备、计算机及其他电子设备制造业（3.054%），纺织业（1.8633%），化学工业（1.6413%），批发和零售（1.6053%），电气、机械及器材制造业（1.6007%）。五个部门的累积出口 GDP 贡献率达到了 9.7646%，占全年 42 个部门出口 GDP 贡献率（19.59%）的 49.85%。

**表 4－7　2010 年部门出口贸易对中国 GDP 贡献测度结果**

| 部门 | 产生的 GDP（$V_i^{EX}$）（万元） | 出口贡献率（$\alpha_i^{EX}$）（%） | 出口结构（%） | 出口贡献系数（$\beta_i^{EX}$） |
|---|---|---|---|---|
| 农业 | 7386984 | 0.1830 | 0.8038 | 0.9280 |
| 煤炭开采和洗选业 | 1181499 | 0.0293 | 0.1342 | 0.8893 |
| 石油和天然气开采业 | 836096 | 0.0207 | 0.0942 | 0.8967 |
| 金属矿采选业 | 382177 | 0.0095 | 0.0471 | 0.8193 |
| 非金属矿采选业 | 1272011 | 0.0315 | 0.1514 | 0.8483 |
| 食品制造及烟草加工业 | 18848654 | 0.4670 | 2.1494 | 0.8855 |
| 纺织业 | 75213458 | 1.8633 | 8.8192 | 0.8612 |
| 服装皮革羽绒及其制品业 | 48263076 | 1.1957 | 5.6679 | 0.8598 |
| 木材加工品及家具制造业 | 22205762 | 0.5501 | 2.6437 | 0.8481 |
| 造纸印刷和文教用品制造业 | 17798411 | 0.4409 | 2.1846 | 0.8227 |
| 石油加工、炼焦及核燃料加工业 | 5211307 | 0.1291 | 0.7742 | 0.6797 |
| 化学工业 | 66249619 | 1.6413 | 8.4700 | 0.7898 |

续表

| 部门 | 产生的 GDP（$V_i^{EX}$）（万元） | 出口贡献率（$\alpha_i^{EX}$）（%） | 出口结构（%） | 出口贡献系数（$\beta_i^{EX}$） |
|---|---|---|---|---|
| 非金属矿物制品业 | 15760711 | 0.3905 | 1.8945 | 0.8400 |
| 金属冶炼和压延加工业 | 25550460 | 0.6330 | 3.4799 | 0.7414 |
| 金属制品业 | 26626944 | 0.6597 | 3.3900 | 0.7931 |
| 通用、专用设备制造业 | 48625310 | 1.2046 | 6.2997 | 0.7794 |
| 交通运输设备制造业 | 35802665 | 0.8870 | 4.6643 | 0.7751 |
| 电气、机械及器材制造业 | 64612669 | 1.6007 | 8.5798 | 0.7604 |
| 通信设备、计算机及其他电子设备制造业 | 123273413 | 3.0540 | 18.4144 | 0.6760 |
| 仪器仪表及文化办公用机械制造业 | 15356925 | 0.3805 | 2.1785 | 0.7118 |
| 其他制造业 | 11970596 | 0.2966 | 1.3470 | 0.8797 |
| 废品废料 | 0 | 0.0000 | 0.0000 | 0.0000 |
| 电力、热力的生产和供应业 | 688759 | 0.0171 | 0.0799 | 0.8700 |
| 燃气生产和供应业 | 0 | 0.0000 | 0.0000 | 0.7126 |
| 水的生产和供应 | 0 | 0.0000 | 0.0000 | 0.9095 |
| 建筑业 | 8241085 | 0.2042 | 0.9875 | 0.8427 |
| 交通运输及仓储业 | 30569847 | 0.7573 | 3.6107 | 0.8549 |
| 邮政业 | 433368 | 0.0107 | 0.0494 | 0.8851 |
| 信息传输、软件和信息技术服务 | 6145700 | 0.1523 | 0.6947 | 0.8933 |
| 批发和零售 | 64797349 | 1.6053 | 6.8807 | 0.9509 |
| 住宿和餐饮业 | 5527607 | 0.1369 | 0.6140 | 0.9091 |
| 金融保险业 | 1949429 | 0.0483 | 0.2076 | 0.9482 |
| 房地产业 | 0 | 0.0000 | 0.0000 | 0.9554 |

续表

| 部门 | 产生的 GDP（$V_i^{EX}$）（万元） | 出口贡献率（$\alpha_i^{EX}$）（%） | 出口结构（%） | 出口贡献系数（$\beta_i^{EX}$） |
|---|---|---|---|---|
| 租赁和商务服务业 | 32925923 | 0.8157 | 3.8742 | 0.8582 |
| 旅游业 | 366708 | 0.0091 | 0.0442 | 0.8379 |
| 科学研究事业 | 0 | 0.0000 | 0.0000 | 0.8869 |
| 综合技术服务业 | 0 | 0.0000 | 0.0000 | 0.8687 |
| 其他服务业 | 1897488 | 0.0470 | 0.2147 | 0.8923 |
| 教育事业 | 331727 | 0.0082 | 0.0352 | 0.9520 |
| 卫生、社会保障和社会福利事业 | 318816 | 0.0079 | 0.0386 | 0.8342 |
| 文化、体育和娱乐业 | 3491397 | 0.0865 | 0.3888 | 0.9068 |
| 公共管理和社会组织 | 604227 | 0.0150 | 0.0651 | 0.9379 |
| 合计 | 790718175 | 19.5893 | 100.0000 | |

资料来源：根据本书编制的 2010 年中国非竞争型投入产出表计算。

从出口部门结构来看，出口占比位列前五的部门分别通信设备、计算机及其他电子设备制造业（18.4144%），纺织业（8.8192%），电气、机械及器材制造业（8.5798%），化学工业（8.4700%），批发和零售（6.8807%）。

从出口贡献系数来看，出口贡献系数排名靠前的部门分别是房地产业（0.9554）、教育事业（0.9520）、批发和零售（0.9509）、金融保险业（0.9482）、公共管理和社会组织（0.9379），这五个部门的出口占比除了批发和零售的出口占比达到 6.8807% 之外，其他四个部门的出口占比都很低，均不超过 0.3%。

表 4－8 的测度结果显示，2012 年 42 个部门中出口 GDP 贡献率位居前五位的依次是仪器仪表及文化办公用机械制造业（2.7784%），信息传输、软件和信息技术服务（2.0935%），服装皮革羽绒及其制品业（1.7016%），通信设备、计算机及其他

电子设备制造业（1.4186%），化学工业（1.3404%）。五个部门的累积出口 GDP 贡献率达到了 9.3325%，占 2012 年 42 个部门出口 GDP 贡献率（18.39%）的 50.75%。

**表 4-8　2012 年部门出口贸易对中国 GDP 贡献测度结果**

| 部门 | 产生的 GDP（$V_i^{EX}$）（万元） | 出口贡献率（$\alpha_i^{EX}$）（%） | 出口结构（%） | 出口贡献系数（$\beta_i^{EX}$） |
|---|---|---|---|---|
| 农业 | 6870053 | 0.1280 | 0.6055 | 0.9296 |
| 煤炭开采和洗选业 | 763743 | 0.0142 | 0.0692 | 0.9037 |
| 石油和天然气开采业 | 784869 | 0.0146 | 0.0709 | 0.9065 |
| 金属矿采选业 | 292233 | 0.0054 | 0.0290 | 0.8248 |
| 非金属矿采选业 | 1051871 | 0.0196 | 0.0990 | 0.8709 |
| 食品制造及烟草加工业 | 24252961 | 0.4518 | 2.2099 | 0.8992 |
| 纺织业 | 44150550 | 0.8225 | 4.1327 | 0.8753 |
| 服装皮革羽绒及其制品业 | 91343140 | 1.7016 | 8.4939 | 0.8811 |
| 木材加工品及家具制造业 | 30642136 | 0.5708 | 2.8847 | 0.8703 |
| 造纸印刷和文教用品制造业 | 44749752 | 0.8336 | 4.3620 | 0.8405 |
| 石油加工、炼焦及核燃料加工业 | 6694833 | 0.1247 | 0.8976 | 0.6111 |
| 化学工业 | 71953097 | 1.3404 | 7.3528 | 0.8017 |
| 非金属矿物制品业 | 22357403 | 0.4165 | 2.1579 | 0.8488 |
| 金属冶炼和压延加工业 | 30141919 | 0.5615 | 3.3788 | 0.7309 |
| 金属制品业 | 33034943 | 0.6154 | 3.4270 | 0.7898 |
| 通用、专用设备制造业 | 48988354 | 0.9126 | 5.1576 | 0.7782 |
| 交通运输设备制造业 | 25089390 | 0.4674 | 2.6185 | 0.7850 |

续表

| 部门 | 产生的 GDP （$V_i^{EX}$）（万元） | 出口贡献率（$\alpha_i^{EX}$）（%） | 出口结构（%） | 出口贡献系数（$\beta_i^{EX}$） |
|---|---|---|---|---|
| 电气、机械及器材制造业 | 42337033 | 0.7887 | 4.3780 | 0.7923 |
| 通信设备、计算机及其他电子设备制造业 | 76149046 | 1.4186 | 8.1383 | 0.7666 |
| 仪器仪表及文化办公用机械制造业 | 149143071 | 2.7784 | 17.9836 | 0.6795 |
| 其他制造业 | 8464269 | 0.1577 | 0.9455 | 0.7335 |
| 废品废料 | 4051021 | 0.0755 | 0.3986 | 0.8327 |
| 电力、热力的生产和供应业 | 292210 | 0.0054 | 0.0254 | 0.9418 |
| 燃气生产和供应业 | 0 | 0.0000 | 0.0000 | 0.7910 |
| 水的生产和供应 | 671352 | 0.0125 | 0.0637 | 0.8632 |
| 建筑业 | 0 | 0.0000 | 0.0000 | 0.6630 |
| 交通运输及仓储业 | 0 | 0.0000 | 0.0000 | 0.9182 |
| 邮政业 | 6501388 | 0.1211 | 0.6323 | 0.8424 |
| 信息传输、软件和信息技术服务 | 112380890 | 2.0935 | 9.6456 | 0.9546 |
| 批发和零售 | 46168721 | 0.8601 | 4.4318 | 0.8535 |
| 住宿和餐饮业 | 4977334 | 0.0927 | 0.4415 | 0.9237 |
| 金融保险业 | 8543621 | 0.1592 | 0.7940 | 0.8815 |
| 房地产业 | 3890485 | 0.0725 | 0.3373 | 0.9450 |
| 租赁和商务服务业 | 0 | 0.0000 | 0.0000 | 0.9710 |
| 旅游业 | 32652528 | 0.6083 | 3.1317 | 0.8542 |
| 科学研究事业 | 223693 | 0.0042 | 0.0216 | 0.8501 |
| 综合技术服务业 | 932132 | 0.0174 | 0.0851 | 0.8976 |
| 其他服务业 | 1046163 | 0.0195 | 0.0951 | 0.9011 |

续表

| 部门 | 产生的 GDP（$V_i^{EX}$）（万元） | 出口贡献率（$\alpha_i^{EX}$）（%） | 出口结构（%） | 出口贡献系数（$\beta_i^{EX}$） |
|---|---|---|---|---|
| 教育事业 | 412929 | 0.0077 | 0.0354 | 0.9570 |
| 卫生、社会保障和社会福利事业 | 371121 | 0.0069 | 0.0349 | 0.8708 |
| 文化、体育和娱乐业 | 4300505 | 0.0801 | 0.3824 | 0.9213 |
| 公共管理和社会组织 | 582295 | 0.0108 | 0.0511 | 0.9335 |
| 合计 | 987253054 | 18.3914 | 100.0000 | |

资料来源：根据本书编制的 2012 年中国非竞争型投入产出表计算。

从出口部门结构来看，出口占比位列前五的部门分别为仪器仪表及文化办公用机械制造业（17.9836%），信息传输、软件和信息技术服务（9.6456%），服装皮革羽绒及其制品业（8.4939%），通信设备、计算机及其他电子设备制造业（8.1383%），化学工业（7.3528%）。

从出口贡献系数来看，出口贡献系数排名靠前的部门分别是租赁和商务服务业（0.9710），教育事业（0.9570），信息传输、软件和信息技术服务（0.9546），房地产业（0.9450），电力、热力的生产和供应业（0.9418）。这五个部门中，信息传输、软件和信息技术服务的出口占比为 9.6456%，其他四个部门的出口占比均不超过 0.5%。

表 4－9 的测度结果显示，2015 年 42 个部门中出口 GDP 贡献率位居前五位的依次是仪器仪表及文化办公用机械制造业（2.5159%），信息传输、软件和信息技术服务（2.4279%），服装皮革羽绒及其制品业（1.4246%），通信设备、计算机及其他电子设备制造业（1.4903%），化学工业（1.2337%）。五个部门的累积出口 GDP 贡献率达到了 9.0924%，占 2015 年 42 个部门出口总 GDP 贡献率（16.69%）的 54.48%。

**表 4-9　2015 年部门出口贸易对中国 GDP 贡献测度结果**

| 部门 | 产生的 GDP（$V_i^{EX}$）（万元） | 出口贡献率（$\alpha_i^{EX}$）（%） | 出口结构（%） | 出口贡献系数（$\beta_i^{EX}$） |
|---|---|---|---|---|
| 农业 | 8213099 | 0.1207 | 0.6461 | 0.9416 |
| 煤炭开采和洗选业 | 229423 | 0.0034 | 0.0191 | 0.8920 |
| 石油和天然气开采业 | 628427 | 0.0092 | 0.0514 | 0.9059 |
| 金属矿采选业 | 238317 | 0.0035 | 0.0210 | 0.8403 |
| 非金属矿采选业 | 1062972 | 0.0156 | 0.0902 | 0.8727 |
| 食品制造及烟草加工业 | 24938303 | 0.3666 | 2.0264 | 0.9116 |
| 纺织业 | 48992411 | 0.7202 | 4.0554 | 0.8949 |
| 服装皮革羽绒及其制品业 | 96908593 | 1.4246 | 7.9489 | 0.9031 |
| 木材加工品及家具制造业 | 32216934 | 0.4736 | 2.6970 | 0.8848 |
| 造纸印刷和文教用品制造业 | 40318282 | 0.5927 | 3.4745 | 0.8595 |
| 石油加工、炼焦及核燃料加工业 | 5043688 | 0.0741 | 0.5250 | 0.7116 |
| 化学工业 | 83922908 | 1.2337 | 7.3633 | 0.8442 |
| 非金属矿物制品业 | 28462422 | 0.4184 | 2.4369 | 0.8652 |
| 金属冶炼和压延加工业 | 36314959 | 0.5338 | 3.4814 | 0.7727 |
| 金属制品业 | 38837248 | 0.5709 | 3.4820 | 0.8262 |
| 通用、专用设备制造业 | 54064386 | 0.7948 | 4.9277 | 0.8127 |
| 交通运输设备制造业 | 28656736 | 0.4213 | 2.5830 | 0.8218 |
| 电气、机械及器材制造业 | 43924437 | 0.6457 | 3.9326 | 0.8273 |
| 通信设备、计算机及其他电子设备制造业 | 95871055 | 1.4093 | 8.7961 | 0.8073 |
| 仪器仪表及文化办公用机械制造业 | 171147639 | 2.5159 | 17.5933 | 0.7206 |

续表

| 部门 | 产生的 GDP（$V_i^{EX}$）（万元） | 出口贡献率（$\alpha_i^{EX}$）（%） | 出口结构（%） | 出口贡献系数（$\beta_i^{EX}$） |
| --- | --- | --- | --- | --- |
| 其他制造业 | 10794335 | 0.1587 | 1.0289 | 0.7771 |
| 废品废料 | 4625939 | 0.0680 | 0.3940 | 0.8697 |
| 电力、热力的生产和供应业 | 503977 | 0.0074 | 0.0450 | 0.8295 |
| 燃气生产和供应业 | 0 | 0.0000 | 0.0000 | 0.8501 |
| 水的生产和供应 | 777417 | 0.0114 | 0.0649 | 0.8870 |
| 建筑业 | 0 | 0.0000 | 0.0000 | 0.7517 |
| 交通运输及仓储业 | 0 | 0.0000 | 0.0000 | 0.9174 |
| 邮政业 | 8928455 | 0.1313 | 0.7657 | 0.8637 |
| 信息传输、软件和信息技术服务 | 165158777 | 2.4279 | 12.8189 | 0.9544 |
| 批发和零售 | 44478835 | 0.6539 | 3.7167 | 0.8865 |
| 住宿和餐饮业 | 4512725 | 0.0663 | 0.3588 | 0.9317 |
| 金融保险业 | 13570567 | 0.1995 | 1.1206 | 0.8971 |
| 房地产业 | 5249982 | 0.0772 | 0.4050 | 0.9603 |
| 租赁和商务服务业 | 0 | 0.0000 | 0.0000 | 0.9726 |
| 旅游业 | 27239331 | 0.4004 | 2.3105 | 0.8733 |
| 科学研究事业 | 3975218 | 0.0584 | 0.3388 | 0.8692 |
| 综合技术服务业 | 640118 | 0.0094 | 0.0516 | 0.9190 |
| 其他服务业 | 600478 | 0.0088 | 0.0484 | 0.9191 |
| 教育事业 | 38034 | 0.0006 | 0.0029 | 0.9692 |
| 卫生、社会保障和社会福利事业 | 465673 | 0.0068 | 0.0386 | 0.8945 |
| 文化、体育和娱乐业 | 3645541 | 0.0536 | 0.2906 | 0.9291 |
| 公共管理和社会组织 | 622343 | 0.0091 | 0.0489 | 0.9424 |
| 合计 | 1135819981 | 16.6970 | 100.0000 | |

资料来源：根据本书编制的 2015 年中国非竞争型投入产出表计算。

从出口部门结构来看，出口占比位列前五的部门分别是仪器仪表及文化办公用机械制造业（17.5933%），信息传输、软件和信息技术服务（12.8189%），通信设备、计算机及其他电子设备制造业（8.7961%），服装皮革羽绒及其制品业（7.9489%），化学工业（7.3633%）。

从出口贡献系数来看，出口贡献系数排名靠前的部门分别是租赁和商务服务业（0.9726），教育事业（0.9692），信息传输、软件和信息技术服务（0.9544），公共管理和社会组织（0.9424），农业（0.9416）。这五个部门中，信息传输、软件和信息技术服务的出口占比为12.8189%，但是其他四个部门的出口占比均不超过1%。

为了对比分析2002年、2005年、2007年、2010年、2012年以及2015年部门出口GDP贡献的差异以及动态变化，将各年贡献率位列前五的部门及其贡献率列于表4-10。

由表4-10可以发现，长期以来，42个部门出口GDP贡献率的差异明显，各年度位列前五的部门累积的出口GDP贡献率在年度贡献率中的占比接近50%，而且占比数据还呈现出不断增加的态势，如在2012年突破50%，达到50.75%，在2015年更是增加至54.48%。

具体到部门来看，出口GDP贡献率较高的部门主要集中在通信设备、计算机及其他电子设备制造业，服装皮革羽绒及其制品业，纺织业和化学工业等传统制造业部门。服务部门的出口GDP贡献率普遍偏低，除了批发和零售在2002年、2005年以及2010年挤进前五之外，其他服务业部门出口产生的GDP及相应的出口GDP贡献率普遍较低。然而，值得注意的是，近年来，传统制造业的出口GDP贡献率有下降趋势，而服务业特别是新兴服务业的出口GDP贡献率增长迅速。如2012年开始一直位列出口GDP贡献率榜首的通信设备、计算机及其他电子设备制造业，

**表 4-10　各年度出口贸易对中国 GDP 贡献率前五的部门对比**

| 年份（占比） | 部门（贡献率%） | 年份（占比） | 部门（贡献率%） |
|---|---|---|---|
| 2002 年<br>（18.24%）[a]<br>（8.5739%）[b]<br>（47.01%）[c] | 通信设备、计算机及其他电子设备制造业（1.9595） | 2005 年<br>（23.83%）[a]<br>（11.5966%）[b]<br>（48.66%）[c] | 通信设备、计算机及其他电子设备制造业（3.4613%） |
| | 批发和零售（1.9046） | | 批发和零售（2.2936%） |
| | 服装皮革羽绒及其制品业（1.7798） | | 纺织业（2.1493%） |
| | 纺织业（1.6601） | | 服装皮革羽绒及其制品业（1.9463%） |
| | 化学工业（1.2699） | | 化学工业（1.7461%） |
| 2007 年<br>（24.53%）[a]<br>（11.5732%）[b]<br>（47.18%）[c] | 通信设备、计算机及其他电子设备制造业（3.6882%） | 2010 年<br>（19.59%）[a]<br>（9.7646%）[b]<br>（49.79%）[c] | 通信设备、计算机及其他电子设备制造业（3.054%） |
| | 纺织业（2.5465%） | | 纺织业（1.8633%） |
| | 化学工业（1.8567%） | | 化学工业（1.6413%） |
| | 服装皮革羽绒及其制品业（1.7688%） | | 批发和零售（1.6053%） |
| | 电气、机械及器材制造业（1.7130%） | | 电气、机械及器材制造业（1.6007%） |
| 2012 年<br>（18.39%）[a]<br>（9.3325%）[b]<br>（50.75%）[c] | 仪器仪表及文化办公用机械制造业（2.7784%） | 2015 年<br>（16.69%）[a]<br>（9.0924%）[b]<br>（54.48%）[c] | 仪器仪表及文化办公用机械制造业（2.5159%） |
| | 信息传输、计算机服务和软件业（2.0935%） | | 信息传输、计算机服务和软件业（2.4279%） |
| | 服装皮革羽绒及其制品业（1.7016%） | | 服装皮革羽绒及其制品业（1.4246%） |
| | 通信设备、计算机及其他电子设备制造业（1.4186%） | | 通信设备、计算机及其他电子设备制造业（1.4903%） |
| | 化学工业（1.3404%） | | 化学工业（1.2337%） |

注：a 括号内的是出口 GDP 贡献率；b 括号内是五个部门出口的累积 GDP 贡献率；c 括号内为五个部门的出口 GDP 贡献占比。

资料来源：根据本书编制的各年中国非竞争型投入产出表计算。

贡献率大幅下降，其排位也跌至第四。与此同时，信息传输、软件和信息技术服务的出口 GDP 贡献率异军突起，其出口 GDP 贡献率由 2002 年的 0.0901% 增至 2005 年的 0.1202%，然后在 2007 年稳步增至 0.1438%，并于 2010 年迅速上涨至 0.6947%，2012 年则飙升至 2.0935%，位列第四，2015 年上升态势持续，贡献率增至 2.4279%。

表 4－11 列示了 2002 年、2005 年、2007 年、2010 年、2012 年以及 2015 年出口占比位列前五的部门。从出口比例来看，部门差异较大，出口主要集中在通信设备、计算机及其他电子设备制造业，电气、机械及器材制造业，服装皮革羽绒及其制品业，纺织业，化学工业，仪器仪表及文化办公用机械制造业 6 个传统制造业部门，服务业部门除了批发和零售，信息传输、软件和信息技术服务之外，出口占比普遍较低。

为了对比分析 2002 年、2005 年、2007 年、2010 年、2012 年以及 2015 年部门出口 GDP 贡献系数的差异以及动态变化，进一步将各年贡献系数位列前五的部门及其出口占比列于表 4－12。

由表 4－12 可见，出口 GDP 贡献系数部门差异较大，单位出口产生 GDP 较多的部门主要集中在第三产业和第一产业。具体到部门，农业一直都是出口 GDP 贡献系数较高的第一产业部门。服务业中的房地产业、教育事业、金融保险业和批发和零售等部门的出口 GDP 贡献系数都保持较高水平。就近年来部门出口 GDP 贡献系数的变化而言，传统工业、制造业部门出口贡献系数逐步下降，而服务部门贡献系数普遍有所增加，在批发和零售、交通运输、仓储和邮政住宿及餐饮等传统服务部门一直保持较高的出口贡献系数之外，信息传输、软件和信息技术服务、公共管理和社会组织等新兴服务业部门的出口 GDP 贡献系数明显提高了。

**表 4－11　　各年度出口占比前五的部门对比列表**

| 年份 | 部门 | 出口占比（%） | 年份 | 部门 | 出口占比（%） |
|---|---|---|---|---|---|
| 2002 | 通信设备、计算机及其他电子设备制造业 | 13.0483 | 2005 | 通信设备、计算机及其他电子设备制造业 | 18.2503 |
| | 服装皮革羽绒及其制品业 | 9.7794 | | 纺织业 | 8.5512 |
| | 批发和零售 | 9.5226 | | 批发和零售 | 8.0455 |
| | 纺织业 | 9.0001 | | 服装皮革羽绒及其制品业 | 7.6875 |
| | 化学工业 | 7.0021 | | 化学工业 | 7.3357 |
| 2007 | 通信设备、计算机及其他电子设备制造业 | 18.3971 | 2010 | 通信设备、计算机及其他电子设备制造业 | 18.4144 |
| | 纺织业 | 9.5959 | | 纺织业 | 8.8192 |
| | 化学工业 | 7.6118 | | 电气、机械及器材制造业 | 8.5798 |
| | 电气、机械及器材制造业 | 7.3078 | | 化学工业 | 8.4700 |
| | 服装皮革羽绒及其制品业 | 6.6024 | | 批发和零售 | 6.8807 |
| 2012 | 仪器仪表及文化办公用机械制造业 | 17.9836 | 2015 | 仪器仪表及文化办公用机械制造业 | 17.5933 |
| | 信息传输、计算机服务和软件业 | 9.6456 | | 信息传输、计算机服务和软件业 | 12.8189 |
| | 服装皮革羽绒及其制品业 | 8.4939 | | 通信设备、计算机及其他电子设备制造业 | 8.7961 |
| | 通信设备、计算机及其他电子设备制造业 | 8.1383 | | 服装皮革羽绒及其制品业 | 7.9489 |
| | 化学工业 | 7.3528 | | 化学工业 | 7.3633 |

资料来源：根据本书编制的各年度中国非竞争型投入产出表计算。

**表 4－12　各年度出口 GDP 贡献系数前五的部门对比列表**

| 年份 | 部门（贡献系数） | 出口占比（%） | 年份 | 部门（贡献系数） | 出口占比（%） |
|---|---|---|---|---|---|
| 2002 | 废品废料（1） | 0.1925 | 2005 | 废品废料（1） | 0 |
| | 房地产业（0.9573） | 0 | | 房地产业（0.9581） | 0 |
| | 旅游业（0.9503） | 0.4514 | | 批发和零售（0.9275） | 8.0455 |
| | 金融保险业（0.9437） | 0.0791 | | 农业（0.9199） | 1.0111 |
| | 农业（0.9411） | 1.7399 | | 金融保险业（0.9187） | 0.0947 |
| 2007 | 房地产业（0.9655） | 0 | 2010 | 房地产业（0.9554） | 0 |
| | 电力、热力的生产和供应业（0.9477） | 0.0784 | | 教育事业（0.9520） | 0.0352 |
| | 农业（0.9283） | 0.7639 | | 批发和零售（0.9509） | 6.8807 |
| | 住宿和餐饮业（0.9252） | 0.8563 | | 金融保险业（0.9482） | 0.2076 |
| | 公共管理和社会组织（0.9160） | 0.0504 | | 公共管理和社会组织（0.9379） | 0.0651 |
| 2012 | 租赁和商务服务业（0.9710） | 0 | 2015 | 租赁和商务服务业（0.9726） | 0 |
| | 教育事业（0.9570） | 0.0354 | | 教育事业（0.9692） | 0.0029 |
| | 信息传输、软件和信息技术服务（0.9546） | 9.6456 | | 信息传输、软件和信息技术服务（0.9544） | 12.8189 |
| | 房地产业（0.9450） | 0.3373 | | 公共管理和社会组织（0.9424） | 0.0489 |
| | 电力、热力的生产和供应业（0.9418） | 0.0254 | | 农业（0.9416） | 0.6461 |

资料来源：根据本书编制的各年中国非竞争型投入产出表计算。

如前所述，出口贡献系数受到部门贡献系数和部门出口比例两个因素的共同影响。当前，出口贡献系数相对较高的服务部门的出口占比过低是导致近年来出口贡献系数下滑的原因，这反映了当前我国出口贸易结构不尽合理的事实。

### （二）部门进口 GDP 贡献的测度结果与分析

为了定量测度各部门进口贸易对中国 GDP 的贡献，并分析当前我国进口贸易结构，以下基于 2002 年、2005 年、2007 年、2010 年、2012 年以及 2015 年的 42 个部门的中国非竞争型投入产出表，采用式（4－30）～式（4－34）所示的计算公式分别测度各年度部门进口对 GDP 的贡献，具体结果如表 4－13～表 4－18 所示。

**表 4－13　2002 年部门进口贸易对中国 GDP 贡献测度结果**

| 部门 | 产生的 GDP（$V_i^{IM}$）（万元） | 进口贡献率（$\alpha_i^{IM}$）（%） | 进口结构（%） | 进口贡献系数（$\beta_i^{IM}$） |
|---|---|---|---|---|
| 农业 | 2853150 | 0.2341 | 2.5282 | 0.4189 |
| 煤炭开采和洗选业 | 258474 | 0.0212 | 0.1069 | 0.8974 |
| 石油和天然气开采业 | 10973814 | 0.9005 | 4.0667 | 1.0016 |
| 金属矿采选业 | 3302230 | 0.2710 | 1.3606 | 0.9008 |
| 非金属矿采选业 | 986956 | 0.0810 | 0.6603 | 0.5548 |
| 食品制造及烟草加工业 | 1778852 | 0.1460 | 1.9564 | 0.3375 |
| 纺织业 | 4445406 | 0.3648 | 4.4630 | 0.3697 |
| 服装皮革羽绒及其制品业 | 676032 | 0.0555 | 1.5885 | 0.1580 |
| 木材加工品及家具制造业 | 854854 | 0.0702 | 0.7091 | 0.4475 |
| 造纸印刷和文教用品制造业 | 3965769 | 0.3254 | 2.1049 | 0.6993 |

续表

| 部门 | 产生的 GDP（$V_i^{IM}$）（万元） | 进口贡献率（$\alpha_i^{IM}$）（%） | 进口结构（%） | 进口贡献系数（$\beta_i^{IM}$） |
|---|---|---|---|---|
| 石油加工、炼焦及核燃料加工业 | 4577349 | 0.3756 | 1.9330 | 0.8789 |
| 化学工业 | 24970060 | 2.0491 | 13.3179 | 0.6959 |
| 非金属矿物制品业 | 853460 | 0.0700 | 0.7346 | 0.4312 |
| 金属冶炼和压延加工业 | 11757198 | 0.9648 | 6.4072 | 0.6811 |
| 金属制品业 | 2571130 | 0.2110 | 2.0068 | 0.4755 |
| 通用、专用设备制造业 | 12428121 | 1.0199 | 11.6360 | 0.3964 |
| 交通运输设备制造业 | 5109412 | 0.4193 | 3.7246 | 0.5092 |
| 电气、机械及器材制造业 | 7193929 | 0.5903 | 6.1790 | 0.4321 |
| 通信设备、计算机及其他电子设备制造业 | 19091472 | 1.5667 | 20.6630 | 0.3429 |
| 仪器仪表及文化办公用机械制造业 | 5589682 | 0.4587 | 5.9807 | 0.3469 |
| 其他制造业 | 338294 | 0.0278 | 0.3686 | 0.3407 |
| 废品废料 | 274374 | 0.0225 | 0.1123 | 0.9071 |
| 电力、热力的生产和供应业 | 81813 | 0.0067 | 0.0394 | 0.7706 |
| 燃气生产和供应业 | 7 | 0.0000 | 0.0000 | 0.4520 |
| 水的生产和供应 | 0 | 0.0000 | 0.0000 | 0.0000 |
| 建筑业 | 43354 | 0.0036 | 0.2961 | 0.0544 |
| 交通运输及仓储业 | 1712169 | 0.1405 | 1.0107 | 0.6288 |
| 邮政业 | 94773 | 0.0078 | 0.0731 | 0.4814 |
| 信息传输、软件和信息技术服务 | 625528 | 0.0513 | 0.4208 | 0.5517 |
| 批发和零售 | 0 | 0.0000 | 0.0000 | 0.0000 |

续表

| 部门 | 产生的 GDP（$V_i^{IM}$）（万元） | 进口贡献率（$\alpha_i^{IM}$）（%） | 进口结构（%） | 进口贡献系数（$\beta_i^{IM}$） |
| --- | --- | --- | --- | --- |
| 住宿和餐饮业 | 15056 | 0.0012 | 0.0141 | 0.3964 |
| 金融保险业 | 2109251 | 0.1731 | 1.0246 | 0.7641 |
| 房地产业 | 0 | 0.0000 | 0.0000 | 0.0000 |
| 租赁和商务服务业 | 4134168 | 0.3393 | 2.4441 | 0.6278 |
| 旅游业 | 0 | 0.0000 | 0.0000 | 0.0000 |
| 科学研究事业 | 0 | 0.0000 | 0.0000 | 0.0000 |
| 综合技术服务业 | 0 | 0.0000 | 0.0000 | 0.0000 |
| 其他服务业 | 1163620 | 0.0955 | 1.5149 | 0.2851 |
| 教育事业 | 6390 | 0.0005 | 0.0412 | 0.0576 |
| 卫生、社会保障和社会福利事业 | 0 | 0.0000 | 0.0000 | 0.0000 |
| 文化、体育和娱乐业 | 292032 | 0.0240 | 0.3754 | 0.2888 |
| 公共管理和社会组织 | 0 | 0.0000 | 0.1377 | 0.0000 |
| 合计 | 135128178 | 11.0889 | 100 | |

资料来源：根据本书编制的 2002 年中国非竞争型投入产出表计算。

表 4－13 的测度结果显示，2002 年 42 个部门中进口 GDP 贡献率位居前五位的依次是化学工业（2.0491%），通信设备、计算机及其他电子设备制造业（1.5667%），通用、专用设备制造业（1.0199%），金属冶炼和压延加工业（0.9648%），石油和天然气开采业（0.9005%）。五个部门的累积进口 GDP 贡献率达到了 6.5010%，占 2002 年 42 个部门进口总 GDP 贡献率（11.0889%）的 58.63%。

从进口部门结构来看，进口占比位列前五的部门分别是通信设备、计算机及其他电子设备制造业（20.6630%），化学工业（13.3179%），通用、专用设备制造业（11.636%），金属冶炼和压延加工业（6.4072%），电气、机械及器材制造业（6.1790%）。

从进口贡献系数来看，进口贡献系数排名靠前的部门分别是石油和天然气开采业（1.0016），废品废料（0.9071），金属矿采选业（0.9008），煤炭开采和洗选业（0.8974），石油加工、炼焦及核燃料加工业（0.8789），这五个部门的进口占比分别为4.0667%、0.9123%、1.3606%、0.9069%和1.9330%，占比相对较高。进口GDP贡献系数较高的部门，进口占比也较高，这也是2002年的进口GDP贡献系数（22.96%）在六个样本年内最大的原因。

表4-14的测度结果显示，2005年42个部门中进口GDP贡献率位居前五位的依次是化学工业（2.6995%），通信设备、计算机及其他电子设备制造业（1.9326%），石油加工、炼焦及核燃料加工业（1.6220%），金属冶炼和压延加工业（1.1372%），通用、专用设备制造业（0.8796%）。五个部门的累积进口GDP贡献率达到了8.2709%，占2005年42个部门进口总GDP贡献率（15.1420%）的54.62%。

**表4-14 2005年部门进口贸易对中国GDP贡献测度结果**

| 部门 | 产生的GDP（$V_i^{IM}$）（万元） | 进口贡献率（$\alpha_i^{IM}$）（%） | 进口结构（%） | 进口贡献系数（$\beta_i^{IM}$） |
|---|---|---|---|---|
| 农业 | 8198830 | 0.4413 | 2.8275 | 0.4760 |
| 煤炭开采和洗选业 | 1293527 | 0.0699 | 0.1905 | 1.1144 |
| 石油和天然气开采业 | 10446038 | 0.5646 | 1.8262 | 0.9390 |
| 金属矿采选业 | 14136863 | 0.7641 | 3.5615 | 0.6516 |
| 非金属矿采选业 | 2381356 | 0.1287 | 0.6192 | 0.6313 |
| 食品制造及烟草加工业 | 3440974 | 0.1860 | 1.5841 | 0.3566 |
| 纺织业 | 5191430 | 0.2806 | 2.3935 | 0.3560 |

续表

| 部门 | 产生的 GDP（$V_i^{IM}$）（万元） | 进口贡献率（$\alpha_i^{IM}$）（%） | 进口结构（%） | 进口贡献系数（$\beta_i^{IM}$） |
|---|---|---|---|---|
| 服装皮革羽绒及其制品业 | 861427 | 0.0466 | 0.9695 | 0.1459 |
| 木材加工品及家具制造业 | 1105363 | 0.0597 | 0.4297 | 0.4223 |
| 造纸印刷和文教用品制造业 | 6198176 | 0.3350 | 1.6377 | 0.6212 |
| 石油加工、炼焦及核燃料加工业 | 30009476 | 1.6220 | 6.3360 | 0.7775 |
| 化学工业 | 49945654 | 2.6995 | 12.3854 | 0.6620 |
| 非金属矿物制品业 | 1214565 | 0.0656 | 0.4794 | 0.4159 |
| 金属冶炼和压延加工业 | 21039985 | 1.1372 | 5.3863 | 0.6412 |
| 金属制品业 | 4543577 | 0.2465 | 1.5681 | 0.4756 |
| 通用、专用设备制造业 | 16274730 | 0.8796 | 18.8863 | 0.3006 |
| 交通运输设备制造业 | 6596972 | 0.3566 | 2.7640 | 0.3918 |
| 电气、机械及器材制造业 | 13357344 | 0.7219 | 5.2839 | 0.4150 |
| 通信设备、计算机及其他电子设备制造业 | 35755989 | 1.9326 | 21.8025 | 0.2692 |
| 仪器仪表及文化办公用机械制造业 | 12531907 | 0.6773 | 7.9736 | 0.2580 |
| 其他制造业 | 260086 | 0.0141 | 0.1367 | 0.3124 |
| 废品废料 | 6235891 | 0.3370 | 1.2591 | 0.8130 |
| 电力、热力的生产和供应业 | 171176 | 0.0093 | 0.0357 | 0.7866 |
| 燃气生产和供应业 | 0 | 0.0000 | 0.0000 | 0.0000 |
| 水的生产和供应 | 0 | 0.0000 | 0.0000 | 0.0000 |

续表

| 部门 | 产生的 GDP（$V_i^{IM}$）（万元） | 进口贡献率（$\alpha_i^{IM}$）（%） | 进口结构（%） | 进口贡献系数（$\beta_i^{IM}$） |
| --- | --- | --- | --- | --- |
| 建筑业 | 57046 | 0.0031 | 0.2178 | 0.0430 |
| 交通运输及仓储业 | 10731785 | 0.5800 | 3.3124 | 0.5318 |
| 邮政业 | 29188 | 0.0016 | 0.0106 | 0.4532 |
| 信息传输、软件和信息技术服务 | 998617 | 0.0540 | 0.3535 | 0.4637 |
| 批发和零售 | 0 | 0.0000 | 0.0000 | 0.0000 |
| 住宿和餐饮业 | 4236776 | 0.2290 | 1.6028 | 0.4439 |
| 金融保险业 | 3644174 | 0.1970 | 0.9896 | 0.6045 |
| 房地产业 | 0 | 0.0000 | 0.0000 | 0.0000 |
| 租赁和商务服务业 | 6087141 | 0.3290 | 1.6432 | 0.6081 |
| 旅游业 | 0 | 0.0000 | 0.0000 | 0.0000 |
| 科学研究事业 | 0 | 0.0000 | 0.0000 | 0.0000 |
| 综合技术服务业 | 0 | 0.0000 | 0.0000 | 0.0000 |
| 其他服务业 | 2756881 | 0.1490 | 1.2624 | 0.3585 |
| 教育事业 | 0 | 0.0005 | 0.0000 | 0.0000 |
| 卫生、社会保障和社会福利事业 | 0 | 0.0000 | 0.0000 | 0.0000 |
| 文化、体育和娱乐业 | 422910 | 0.0229 | 0.1876 | 0.3700 |
| 公共管理和社会组织 | 0 | 0.0000 | 0.0838 | 0.0000 |
| 合计 | 280155865 | 15.1420 | 100 | |

资料来源：根据本书编制的 2005 年中国非竞争型投入产出表计算。

从进口部门结构来看，进口占比位列前五的部门分别是通信设备、计算机及其他电子设备制造业（21.8025%），通用、专用设备制造业（18.8863%），化学工业（12.3854%），仪器仪表及文化办公用机械制造业（7.9736%），石油加工、炼焦及核燃料加工业（6.3360%）。

从进口贡献系数来看，进口贡献系数排名靠前的部门分别是煤炭开采和洗选业（1.1144），石油和天然气开采业（0.9390），废品废料（0.8130），电力、热力的生产和供应业（0.7866），石油加工、炼焦及核燃料加工业（0.7775）。这五个部门中的石油加工、炼焦及核燃料加工业、石油和天然气开采业以及废品废料的进口占比较高，分别为6.3360%，1.8262%，1.2591%，而煤炭开采和洗选业与电力、热力的生产和供应业的进口占比就非常低，仅为0.1905%和0.0357%。

表4-15的测度结果显示，2007年42个部门中进口GDP贡献率位居前五位的依次是化学工业（2.1588%），石油和天然气开采业（2.0545%），通信设备、计算机及其他电子设备制造业（1.5400%），金属矿采选业（1.1504%），通用、专用设备制造业（0.9432%）。五个部门的累积进口GDP贡献率达到了7.8469%，占2007年42个部门进口总GDP贡献率（13.5936%）的57.72%。

**表4-15　2007年部门进口贸易对中国GDP贡献测度结果**

| 部门 | 产生的GDP（$V_i^{IM}$）（万元） | 进口贡献率（$\alpha_i^{IM}$）（%） | 进口结构（%） | 进口贡献系数（$\beta_i^{IM}$） |
|---|---|---|---|---|
| 农业 | 12571597 | 0.4725 | 3.1450 | 0.5400 |
| 煤炭开采和洗选业 | 1776046 | 0.0668 | 0.2596 | 0.9242 |
| 石油和天然气开采业 | 54658705 | 2.0545 | 7.7928 | 0.9476 |
| 金属矿采选业 | 30606828 | 1.1504 | 5.5093 | 0.7505 |
| 非金属矿采选业 | 1880123 | 0.0707 | 0.4059 | 0.6258 |
| 食品制造及烟草加工业 | 6760406 | 0.2541 | 2.1366 | 0.4275 |
| 纺织业 | 2967665 | 0.1115 | 1.1055 | 0.3627 |
| 服装皮革羽绒及其制品业 | 1322279 | 0.0497 | 0.8224 | 0.2172 |
| 木材加工品及家具制造业 | 1053383 | 0.0396 | 0.3654 | 0.3894 |

续表

| 部门 | 产生的 GDP（$V_i^{IM}$）（万元） | 进口贡献率（$\alpha_i^{IM}$）（%） | 进口结构（%） | 进口贡献系数（$\beta_i^{IM}$） |
|---|---|---|---|---|
| 造纸印刷和文教用品制造业 | 5446217 | 0.2047 | 1.1195 | 0.6573 |
| 石油加工、炼焦及核燃料加工业 | 11768753 | 0.4424 | 1.9591 | 0.8116 |
| 化学工业 | 57433681 | 2.1588 | 12.3009 | 0.6308 |
| 非金属矿物制品业 | 1466376 | 0.0551 | 0.5097 | 0.3887 |
| 金属冶炼和压延加工业 | 23770508 | 0.8935 | 5.8369 | 0.5502 |
| 金属制品业 | 2599316 | 0.0977 | 0.7899 | 0.4446 |
| 通用、专用设备制造业 | 25093449 | 0.9432 | 9.5154 | 0.3563 |
| 交通运输设备制造业 | 11047644 | 0.4153 | 4.0573 | 0.3679 |
| 电气、机械及器材制造业 | 12302553 | 0.4624 | 4.6409 | 0.3581 |
| 通信设备、计算机及其他电子设备制造业 | 40970445 | 1.5400 | 22.0192 | 0.2514 |
| 仪器仪表及文化办公用机械制造业 | 15155283 | 0.5697 | 5.3091 | 0.3856 |
| 其他制造业 | 605737 | 0.0228 | 0.2998 | 0.2730 |
| 废品废料 | 11530837 | 0.4334 | 1.9030 | 0.8186 |
| 电力、热力的生产和供应业 | 154068 | 0.0058 | 0.0243 | 0.8566 |
| 燃气生产和供应业 | 0 | 0.0000 | 0.0000 | 0.0000 |
| 水的生产和供应 | 0 | 0.0000 | 0.0000 | 0.0000 |
| 建筑业 | 43497 | 0.0016 | 0.2989 | 0.0197 |
| 交通运输及仓储业 | 5766247 | 0.2167 | 1.4363 | 0.5424 |
| 邮政业 | 270011 | 0.0101 | 0.0550 | 0.6632 |

续表

| 部门 | 产生的 GDP（$V_i^{IM}$）（万元） | 进口贡献率（$\alpha_i^{IM}$）（%） | 进口结构（%） | 进口贡献系数（$\beta_i^{IM}$） |
|---|---|---|---|---|
| 信息传输、软件和信息技术服务 | 1604859 | 0.0603 | 0.5390 | 0.4022 |
| 批发和零售 | 0 | 0.0000 | 0.0000 | 0.0000 |
| 住宿和餐饮业 | 2373276 | 0.0892 | 0.7070 | 0.4535 |
| 金融保险业 | 847229 | 0.0318 | 0.1745 | 0.6559 |
| 房地产业 | 0 | 0.0000 | 0.0000 | 0.0000 |
| 租赁和商务服务业 | 12911606 | 0.4853 | 3.2575 | 0.5355 |
| 旅游业 | 2779980 | 0.1045 | 0.8416 | 0.4463 |
| 科学研究事业 | 0 | 0.0000 | 0.0000 | 0.0000 |
| 综合技术服务业 | 0 | 0.0000 | 0.0000 | 0.0000 |
| 其他服务业 | 894974 | 0.0336 | 0.2735 | 0.4421 |
| 教育事业 | 36068 | 0.0014 | 0.0641 | 0.0761 |
| 卫生、社会保障和社会福利事业 | 13583 | 0.0005 | 0.0272 | 0.0675 |
| 文化、体育和娱乐业 | 1161080 | 0.0436 | 0.4100 | 0.3826 |
| 公共管理和社会组织 | 4743 | 0.0002 | 0.0880 | 0.0073 |
| 合计 | 361649052 | 13.5936 | 100 | |

资料来源：根据本书编制的 2007 年中国非竞争型投入产出表计算。

从进口部门结构来看，进口占比位列前五的部门分别是通信设备、计算机及其他电子设备制造业（22.0192%），化学工业（12.3009%），通用、专用设备制造业（9.5154%），石油和天然气开采业（7.7928%），金属冶炼和压延加工业（5.8369%）。

从进口贡献系数来看，进口贡献系数排名靠前的部门分别是石油和天然气开采业（0.9476），煤炭开采和洗选业（0.9242），电力、热力的生产和供应业（0.8566），废品废料（0.8186），石油加工、炼焦及核燃料加工业（0.8116）。这五个部门中的石油和天然气开采业、石油加工、炼焦及核燃料加工业以及废品废料的进口占比较高，分别为7.7928%、1.9591%、1.9030%，而煤炭开采和洗选业和电力、热力的生产和供应业的进口占比仅为0.2596%和0.0243%。

表4－16的测度结果显示，2010年42个部门中进口GDP贡献率位居前五位的依次是石油和天然气开采业（2.0579%），化学工业（1.8984%），金属矿采选业（1.3530%），通信设备、计算机及其他电子设备制造业（1.3320%），通用、专用设备制造业（0.8793%）。五个部门的累积进口GDP贡献率达到了7.5106%，占2010年42个部门进口总GDP贡献率（12.8528%）的58.44%。

**表4－16 2010年部门进口贸易对中国GDP贡献测度结果**

| 部门 | 产生的GDP（$V_i^{IM}$）（万元） | 进口贡献率（$\alpha_i^{IM}$）（%） | 进口结构（%） | 进口贡献系数（$\beta_i^{IM}$） |
|---|---|---|---|---|
| 农业 | 23982436 | 0.5941 | 4.0421 | 0.5845 |
| 煤炭开采和洗选业 | 12738789 | 0.3156 | 1.2945 | 0.9694 |
| 石油和天然气开采业 | 83068114 | 2.0579 | 8.4415 | 0.9694 |
| 金属矿采选业 | 54615074 | 1.3530 | 7.2761 | 0.7394 |
| 非金属矿采选业 | 1965159 | 0.0487 | 0.3065 | 0.6316 |
| 食品制造及烟草加工业 | 10651251 | 0.2639 | 2.3895 | 0.4391 |
| 纺织业 | 4064697 | 0.1007 | 0.9485 | 0.4221 |
| 服装皮革羽绒及其制品业 | 1840122 | 0.0456 | 0.7484 | 0.2422 |
| 木材加工品及家具制造业 | 1983904 | 0.0491 | 0.4556 | 0.4290 |
| 造纸印刷和文教用品制造业 | 7257120 | 0.1798 | 1.0180 | 0.7022 |
| 石油加工、炼焦及核燃料加工业 | 17035552 | 0.4420 | 2.0531 | 0.8174 |

续表

| 部门 | 产生的 GDP（$V_i^{IM}$）（万元） | 进口贡献率（$\alpha_i^{IM}$）（%） | 进口结构（%） | 进口贡献系数（$\beta_i^{IM}$） |
|---|---|---|---|---|
| 化学工业 | 76609785 | 1.8984 | 11.7050 | 0.6449 |
| 非金属矿物制品业 | 2376684 | 0.0589 | 0.5664 | 0.4133 |
| 金属冶炼和压延加工业 | 28991154 | 0.7182 | 5.0510 | 0.5654 |
| 金属制品业 | 3705146 | 0.0918 | 0.7072 | 0.5161 |
| 通用、专用设备制造业 | 35494437 | 0.8793 | 9.5250 | 0.3671 |
| 交通运输设备制造业 | 18072298 | 0.4477 | 5.8706 | 0.3032 |
| 电气、机械及器材制造业 | 14119459 | 0.3498 | 4.1947 | 0.3316 |
| 通信设备、计算机及其他电子设备制造业 | 45694921 | 1.1320 | 17.3982 | 0.2587 |
| 仪器仪表及文化办公用机械制造业 | 18870504 | 0.4675 | 4.9151 | 0.3782 |
| 其他制造业 | 16943339 | 0.4198 | 3.5029 | 0.4765 |
| 废品废料 | 0 | 0.0000 | 0.0000 | 0.0000 |
| 电力、热力的生产和供应业 | 158509 | 0.0039 | 0.0183 | 0.8534 |
| 燃气生产和供应业 | 0 | 0.0000 | 0.0000 | 0.0000 |
| 水的生产和供应 | 0 | 0.0000 | 0.0000 | 0.0000 |
| 建筑业 | 76506 | 0.0019 | 0.3382 | 0.0223 |
| 交通运输及仓储业 | 10157654 | 0.2516 | 1.6541 | 0.6049 |
| 邮政业 | 415759 | 0.0103 | 0.0532 | 0.7702 |
| 信息传输、软件和信息技术服务 | 1014374 | 0.0251 | 0.2662 | 0.3754 |
| 批发和零售 | 0 | 0.0000 | 0.0000 | 0.0000 |
| 住宿和餐饮业 | 4057512 | 0.1005 | 0.7437 | 0.5374 |
| 金融保险业 | 1492532 | 0.0370 | 0.2115 | 0.6953 |

续表

| 部门 | 产生的 GDP（$V_i^{IM}$）（万元） | 进口贡献率（$\alpha_i^{IM}$）（%） | 进口结构（%） | 进口贡献系数（$\beta_i^{IM}$） |
| --- | --- | --- | --- | --- |
| 房地产业 | 0 | 0.0000 | 0.0000 | 0.0000 |
| 租赁和商务服务业 | 14656961 | 0.3631 | 2.4563 | 0.5878 |
| 旅游业 | 3315176 | 0.0821 | 0.8695 | 0.3756 |
| 科学研究事业 | 0 | 0.0000 | 0.0000 | 0.0000 |
| 综合技术服务业 | 0 | 0.0000 | 0.0000 | 0.0000 |
| 其他服务业 | 1118350 | 0.0277 | 0.2566 | 0.4294 |
| 教育事业 | 29693 | 0.0007 | 0.0923 | 0.0317 |
| 卫生、社会保障和社会福利事业 | 13470 | 0.0003 | 0.0264 | 0.0503 |
| 文化、体育和娱乐业 | 2189899 | 0.0543 | 0.5274 | 0.4090 |
| 公共管理和社会组织 | 6022 | 0.0001 | 0.0765 | 0.0078 |
| 合计 | 518802358 | 12.8528 | 100 | |

资料来源：根据本书编制的 2010 年中国非竞争型投入产出表计算。

从进口部门结构来看，进口占比位列前五的部门分别是通信设备、计算机及其他电子设备制造业（17.3982%），化学工业（11.705%），通用、专用设备制造业（9.5250%），石油和天然气开采业（8.4415%），金属矿采选业（7.2761%）。

从进口贡献系数来看，进口贡献系数排名靠前的部门分别是煤炭开采和洗选业（0.9694），石油和天然气开采业（0.9694），电力、热力的生产和供应业（0.8534），石油加工、炼焦及核燃料加工业（0.8174），邮政业（0.7702）。这五个部门中的石油和天然气开采业、石油加工、炼焦及核燃料加工业以及煤炭开采和洗选业的进口占比较高，分别为 8.4415%、2.0531%、1.2945%，而邮政业和电力、热力的生产和供应业的进口占比就非常低，仅为 0.0532% 和 0.0183%。

表4－17的测度结果显示，2012年42个部门中进口GDP贡献率位居前五位的依次是石油和天然气开采业（2.5224%），化学工业（1.5215%），仪器仪表及文化办公用机械制造业（1.3343%），金属矿采选业（1.2211%），金属冶炼和压延加工业（0.9455%）。五个部门的累积进口GDP贡献率达到了7.5448%，占2012年42个部门进口总GDP贡献率（12.3178%）的61.25%。

**表4－17　2012年部门进口贸易对中国GDP贡献测度结果**

| 部门 | 产生的GDP（$V_i^{IM}$）（万元） | 进口贡献率（$\alpha_i^{IM}$）（%） | 进口结构（%） | 进口贡献系数（$\beta_i^{IM}$） |
|---|---|---|---|---|
| 农业 | 27498072 | 0.5123 | 4.1947 | 0.5372 |
| 煤炭开采和洗选业 | 18067006 | 0.3366 | 1.4854 | 0.9965 |
| 石油和天然气开采业 | 135400370 | 2.5224 | 11.7079 | 0.9477 |
| 金属矿采选业 | 65548248 | 1.2211 | 6.8862 | 0.7801 |
| 非金属矿采选业 | 3300385 | 0.0615 | 0.3230 | 0.8374 |
| 食品制造及烟草加工业 | 14535413 | 0.2708 | 2.7707 | 0.4299 |
| 纺织业 | 4698173 | 0.0875 | 0.7701 | 0.4999 |
| 服装皮革羽绒及其制品业 | 2036642 | 0.0379 | 0.9134 | 0.1827 |
| 木材加工品及家具制造业 | 1963662 | 0.0366 | 0.4154 | 0.3874 |
| 造纸印刷和文教用品制造业 | 9387513 | 0.1749 | 1.2061 | 0.6379 |
| 石油加工、炼焦及核燃料加工业 | 23121117 | 0.4307 | 2.3615 | 0.8023 |
| 化学工业 | 81672755 | 1.5215 | 10.0852 | 0.6636 |
| 非金属矿物制品业 | 2975629 | 0.0554 | 0.5758 | 0.4235 |
| 金属冶炼和压延加工业 | 50754742 | 0.9455 | 7.3368 | 0.5669 |
| 金属制品业 | 3727299 | 0.0694 | 0.6655 | 0.4589 |

续表

| 部门 | 产生的 GDP（$V_i^{IM}$）（万元） | 进口贡献率（$\alpha_i^{IM}$）（%） | 进口结构（%） | 进口贡献系数（$\beta_i^{IM}$） |
| --- | --- | --- | --- | --- |
| 通用、专用设备制造业 | 17184817 | 0.3201 | 4.1893 | 0.3362 |
| 交通运输设备制造业 | 8138300 | 0.1516 | 3.1294 | 0.2131 |
| 电气、机械及器材制造业 | 15511936 | 0.2890 | 4.9336 | 0.2577 |
| 通信设备、计算机及其他电子设备制造业 | 13907152 | 0.2591 | 3.2683 | 0.3487 |
| 仪器仪表及文化办公用机械制造业 | 71624665 | 1.3343 | 19.6760 | 0.2983 |
| 其他制造业 | 14078975 | 0.2623 | 2.3798 | 0.4848 |
| 废品废料 | 190599 | 0.0036 | 0.0283 | 0.5527 |
| 电力、热力的生产和供应业 | 17682950 | 0.3294 | 1.8849 | 0.7688 |
| 燃气生产和供应业 | 0 | 0.0000 | 0.0000 | 0.0000 |
| 水的生产和供应 | 189544 | 0.0035 | 0.0182 | 0.8543 |
| 建筑业 | 0 | 0.0000 | 0.0000 | 0.4635 |
| 交通运输及仓储业 | 0 | 0.0000 | 0.0000 | 0.0000 |
| 邮政业 | 92972 | 0.0017 | 0.1872 | 0.0407 |
| 信息传输、软件和信息技术服务 | 0 | 0.0000 | 0.0000 | 0.0000 |
| 批发和零售 | 19167746 | 0.3571 | 2.6766 | 0.5868 |
| 住宿和餐饮业 | 5001770 | 0.0932 | 0.9446 | 0.4339 |
| 金融保险业 | 2508157 | 0.0467 | 0.6056 | 0.3394 |
| 房地产业 | 3142653 | 0.0585 | 0.3633 | 0.7088 |
| 租赁和商务服务业 | 0 | 0.0000 | 0.0000 | 0.0000 |
| 旅游业 | 21984277 | 0.4095 | 2.2908 | 0.7864 |
| 科学研究事业 | 943101 | 0.0176 | 0.1840 | 0.4200 |

续表

| 部门 | 产生的 GDP（$V_i^{IM}$）（万元） | 进口贡献率（$\alpha_i^{IM}$）（%） | 进口结构（%） | 进口贡献系数（$\beta_i^{IM}$） |
|---|---|---|---|---|
| 综合技术服务业 | 479441 | 0.0089 | 0.1796 | 0.2187 |
| 其他服务业 | 538651 | 0.0100 | 0.1118 | 0.3948 |
| 教育事业 | 70606 | 0.0013 | 0.1078 | 0.0537 |
| 卫生、社会保障和社会福利事业 | 12968 | 0.0002 | 0.0715 | 0.0149 |
| 文化、体育和娱乐业 | 4059925 | 0.0756 | 1.0172 | 0.3270 |
| 公共管理和社会组织 | 19978 | 0.0004 | 0.0538 | 0.0304 |
| 合计 | 661218209 | 12.3178 | 100.0000 | |

资料来源：根据本书编制的 2012 年中国非竞争型投入产出表计算。

从进口部门结构来看，进口占比位列前五的部门分别是仪器仪表及文化办公用机械制造业（19.6760%），石油和天然气开采业（11.7079%），化学工业（10.0852%），金属冶炼和压延加工业（7.3368%），金属矿采选业（6.8862%）。

从进口贡献系数来看，进口贡献系数排名靠前的部门分别是煤炭开采和洗选业（0.9965），石油和天然气开采业（0.9477），水的生产和供应（0.8543），非金属矿采选业（0.8374），石油加工、炼焦及核燃料加工业（0.8023）。这五个部门中的石油和天然气开采业、石油加工、炼焦及核燃料加工业以及煤炭开采和洗选业的进口占比较高，分别为 11.7079%、2.3615%、1.4854%，而非金属矿采选业与水的生产和供应的进口占比较低，仅为 0.5758% 和 0.0182%。

表 4 – 18 的测度结果显示，2015 年 42 个部门中进口 GDP 贡献率位居前五位的依次是仪器仪表及文化办公用机械制造业（1.4147%）、石油和天然气开采业（1.2648%）、化学工业（1.1943%）、金属冶炼和压延加工业（0.7287%）、批发和零售

（0.6934%）。五个部门的累积进口 GDP 贡献率达到 5.2959%，占 2015 年 42 个部门进口总 GDP 贡献率（9.8851%）的 53.58%。

**表 4－18　2015 年部门进口贸易对中国 GDP 贡献测度结果**

| 部门 | 产生的 GDP（$V_i^{IM}$）（万元） | 进口贡献率（$\alpha_i^{IM}$）（%） | 进口结构（%） | 进口贡献系数（$\beta_i^{IM}$） |
|---|---|---|---|---|
| 农业 | 34051225 | 0.5006 | 4.1717 | 0.6522 |
| 煤炭开采和洗选业 | 7131201 | 0.1048 | 0.6152 | 0.9262 |
| 石油和天然气开采业 | 86035472 | 1.2648 | 6.9012 | 0.9961 |
| 金属矿采选业 | 43719624 | 0.6427 | 4.7521 | 0.7351 |
| 非金属矿采选业 | 2461692 | 0.0362 | 0.2647 | 0.7432 |
| 食品制造及烟草加工业 | 23536867 | 0.3460 | 3.5681 | 0.5271 |
| 纺织业 | 6043672 | 0.0888 | 0.8962 | 0.5389 |
| 服装皮革羽绒及其制品业 | 4069157 | 0.0598 | 1.4273 | 0.2278 |
| 木材加工品及家具制造业 | 3273092 | 0.0481 | 0.6923 | 0.3778 |
| 造纸印刷和文教用品制造业 | 12988140 | 0.1909 | 1.6199 | 0.6406 |
| 石油加工、炼焦及核燃料加工业 | 16447557 | 0.2418 | 1.6311 | 0.8057 |
| 化学工业 | 81239990 | 1.1943 | 9.6660 | 0.6716 |
| 非金属矿物制品业 | 3383863 | 0.0497 | 0.7039 | 0.3841 |
| 金属冶炼和压延加工业 | 49570447 | 0.7287 | 6.9603 | 0.5691 |
| 金属制品业 | 3961118 | 0.0582 | 0.6737 | 0.4698 |
| 通用、专用设备制造业 | 16834091 | 0.2475 | 3.4942 | 0.3849 |
| 交通运输设备制造业 | 10184782 | 0.1497 | 2.9474 | 0.2761 |

续表

| 部门 | 产生的 GDP（$V_i^{IM}$）（万元） | 进口贡献率（$\alpha_i^{IM}$）（%） | 进口结构（%） | 进口贡献系数（$\beta_i^{IM}$） |
|---|---|---|---|---|
| 电气、机械及器材制造业 | 21926310 | 0.3223 | 5.5212 | 0.3173 |
| 通信设备、计算机及其他电子设备制造业 | 15744546 | 0.2315 | 3.3677 | 0.3736 |
| 仪器仪表及文化办公用机械制造业 | 96233523 | 1.4147 | 20.7248 | 0.3710 |
| 其他制造业 | 14946127 | 0.2197 | 2.4875 | 0.4801 |
| 废品废料 | 226656 | 0.0033 | 0.0298 | 0.6086 |
| 电力、热力的生产和供应业 | 10115155 | 0.1487 | 1.1227 | 0.7199 |
| 燃气生产和供应业 | 0 | 0.0000 | 0.0000 | 0.0000 |
| 水的生产和供应 | 179098 | 0.0026 | 0.0171 | 0.8345 |
| 建筑业 | 0 | 0.0000 | 0.0000 | 0.0000 |
| 交通运输及仓储业 | 0 | 0.0000 | 0.0000 | 0.0000 |
| 邮政业 | 243667 | 0.0036 | 0.5075 | 0.0384 |
| 信息传输、软件和信息技术服务 | 0 | 0.0000 | 0.0000 | 0.0000 |
| 批发和零售 | 47171095 | 0.6934 | 5.9603 | 0.6324 |
| 住宿和餐饮业 | 15616855 | 0.2296 | 2.3623 | 0.5282 |
| 金融保险业 | 5034633 | 0.0740 | 1.1251 | 0.3575 |
| 房地产业 | 6484318 | 0.0953 | 0.7389 | 0.7012 |
| 租赁和商务服务业 | 0 | 0.0000 | 0.0000 | 0.0000 |
| 旅游业 | 21613468 | 0.3177 | 2.1649 | 0.7977 |
| 科学研究事业 | 2369869 | 0.0348 | 0.4569 | 0.4144 |

续表

| 部门 | 产生的 GDP（$V_i^{IM}$）（万元） | 进口贡献率（$\alpha_i^{IM}$）（%） | 进口结构（%） | 进口贡献系数（$\beta_i^{IM}$） |
|---|---|---|---|---|
| 综合技术服务业 | 932449 | 0.0137 | 0.3233 | 0.2305 |
| 其他服务业 | 1072562 | 0.0158 | 0.2005 | 0.4274 |
| 教育事业 | 6409 | 0.0001 | 0.0090 | 0.0571 |
| 卫生、社会保障和社会福利事业 | 85280 | 0.0013 | 0.2245 | 0.0304 |
| 文化、体育和娱乐业 | 7400101 | 0.1088 | 1.5430 | 0.3832 |
| 公共管理和社会组织 | 104383 | 0.0015 | 0.1277 | 0.0653 |
| 合计 | 6802541161 | 9.8851 | 100.0000 | |

资料来源：根据本书编制的 2015 年中国非竞争型投入产出表计算。

从进口部门结构来看，进口占比位列前五的部门分别是仪器仪表及文化办公用机械制造业（20.7248%）、化学工业（9.6660%）、金属冶炼和压延加工业（6.9603%）、石油和天然气开采业（6.9012%）、批发和零售（5.9603%）。

从进口贡献系数来看，进口贡献系数排名靠前的部门分别是石油和天然气开采业（0.9961），煤炭开采和洗选业(0.9262)，水的生产和供应（0.8345），石油加工、炼焦及核燃料加工业（0.8057），旅游业（0.7977）。这五个部门中的石油和天然气开采业、旅游业以及石油加工、炼焦及核燃料加工业的进口占比较高，分别为6.9012%、2.1649%、1.6311%，而煤炭开采和洗选业与水的生产和供应进口占比就非常低，仅为 0.6152% 和0.0171%。

为了进一步对比分析 2002 年、2005 年、2007 年、2010 年、2012 年以及 2015 年部门进口 GDP 贡献的差异以及动态变化，将各年贡献率位列前五的部门及其进口 GDP 贡献率列示于表 4－19。

**表4-19　　各年度进口GDP贡献率前五的部门对比**

| 年份（占比） | 部门（贡献率%） | 年份（占比） | 部门（贡献率%） |
|---|---|---|---|
| 2002年<br>（11.0889%）[a]<br>（6.5010%）[b]<br>（58.63%）[c] | 化学工业（2.5159） | 2005年<br>（15.1420%）[a]<br>（8.2709%）[b]<br>（54.62%）[c] | 化学工业（2.6995） |
| | 通信设备、计算机及其他电子设备制造业（1.5667） | | 通信设备、计算机及其他电子设备制造业（1.9326） |
| | 通用、专用设备制造业（1.0199） | | 石油加工、炼焦及核燃料加工业（1.6220） |
| | 金属冶炼和压延加工业（0.9648） | | 金属冶炼和压延加工业（1.1372） |
| | 石油和天然气开采业（0.9005） | | 通用、专用设备制造业（0.8796） |
| 2007年<br>（13.5936%）[a]<br>（7.8469%）[b]<br>（57.72%）[c] | 化学工业（2.1588） | 2010年<br>（12.8528%）[a]<br>（7.5106%）[b]<br>（58.44%）[c] | 石油和天然气开采业（2.0579） |
| | 石油和天然气开采业（2.0545） | | 化学工业（1.8984） |
| | 通信设备、计算机及其他电子设备制造业（1.5400） | | 金属矿采选业（1.3530） |
| | 金属矿采选业（1.1504） | | 通信设备、计算机及其他电子设备制造业（1.3320） |
| | 通用、专用设备制造业（0.9432） | | 通用、专用设备制造业（0.8793） |
| 2012年<br>（12.3178%）[a]<br>（7.5448%）[b]<br>（61.25%）[c] | 石油和天然气开采业（2.5224） | 2015年<br>（9.8851%）[a]<br>（5.2959%）[b]<br>（53.58%）[c] | 仪器仪表及文化办公用机械制造业（1.4147） |
| | 化学工业（1.5215） | | 石油和天然气开采业（1.2648） |
| | 仪器仪表及文化办公用机械制造业（1.3343） | | 化学工业（1.1943） |
| | 金属矿采选业（1.2211） | | 金属冶炼和压延加工业（0.7287） |
| | 金属冶炼和压延加工业（0.9455） | | 批发和零售（0.6934） |

注：a括号内的是进口GDP贡献率；b括号内是五个部门进口的累积GDP贡献率；c括号内为五个部门的进口GDP贡献占比。

资料来源：根据本书编制的各年度中国非竞争型投入产出表计算。

由表 4 - 19 可以发现，长期以来，42 个部门进口 GDP 贡献的差异十分明显，各年度前五的部门累积的进口 GDP 贡献率在全年总贡献率中的占比都超过了 50%，2012 年更是高达 61.25%，也就是说，各年进口 GDP 贡献率排名前五的部门进口产生的 GDP 超过了其余的 37 个部门进口产生的 GDP 的总和。具体到部门来看，进口 GDP 贡献率较高的部门主要集中在化学工业，石油和天然气开采业，以及通信设备、计算机及其他电子设备制造业等传统制造业部门。其中，化学工业的贡献率历年来一直位列前五，且贡献率几乎都高于 1.5%，并且在 2002 年、2005 年和 2007 年皆超过了 2%。石油和天然气开采业的贡献率除了 2005 年之外均位列前五，而且其贡献率在 2007 年、2010 年和 2012 年也均超过了 2%。服务部门的进口 GDP 贡献率普遍偏低，除了批发和零售在 2015 年挤进第五（贡献率仅为 0.6934%）之外，其他服务业部门进口产生的 GDP 及相应的进口 GDP 贡献率普遍较低。

表 4 - 20 列出了 2002 年、2005 年、2007 年、2010 年、2012 年以及 2015 年进口占比位列前五的部门。从进口比例来看，

**表 4 - 20　　各年度进口占比前五的部门对比**

| 年份 | 部门 | 进口占比（%） | 年份 | 部门 | 进口占比（%） |
|---|---|---|---|---|---|
| 2002 | 通信设备、计算机及其他电子设备制造业 | 20.6630 | 2005 | 通信设备、计算机及其他电子设备制造业 | 21.8025 |
| | 化学工业 | 13.3179 | | 通用、专用设备制造业 | 18.8863 |
| | 通用、专用设备制造业 | 11.636 | | 化学工业 | 12.3854 |
| | 金属冶炼和压延加工业 | 6.4072 | | 仪表及文化办公用机械制造业 | 7.9736 |
| | 电气、机械及器材制造业 | 6.1790 | | 石油加工、炼焦及核燃料加工业 | 6.3360 |

续表

| 年份 | 部门 | 进口占比（%） | 年份 | 部门 | 进口占比（%） |
|---|---|---|---|---|---|
| 2007 | 通信设备、计算机及其他电子设备制造业 | 22.0192 | 2010 | 通信设备、计算机及其他电子设备制造业 | 17.3982 |
| | 化学工业 | 12.3009 | | 化学工业 | 11.7050 |
| | 通用、专用设备制造业 | 9.5154 | | 通用、专用设备制造业 | 9.5250 |
| | 石油和天然气开采业 | 7.7928 | | 石油和天然气开采业 | 8.4415 |
| | 金属冶炼和压延加工业 | 5.8369 | | 金属矿采选业 | 7.2761 |
| 2012 | 仪器仪表及文化办公用机械制造业 | 19.6760 | 2015 | 仪表及文化办公用机械制造业 | 20.7248 |
| | 石油和天然气开采业 | 11.7079 | | 化学工业 | 9.6660 |
| | 化学工业 | 10.0852 | | 金属冶炼和压延加工业 | 6.9603 |
| | 金属冶炼和压延加工业 | 7.3368 | | 石油和天然气开采业 | 6.9012 |
| | 金属矿采选业 | 6.8862 | | 批发和零售 | 5.9603 |

资料来源：根据本书编制的各年度中国非竞争型投入产出表计算。

部门差异较大，部门进口绝大部分集中在工业部门，特别是通信设备、计算机和其他电子设备制造业与化学工业。其中，通信设备、计算机和其他电子设备制造业在 2002 年、2005 年和 2007 年的进口份额均超过了 20%，而化学工业的进口份额几乎都在 10% 以上。服务部门除了批发和零售的进口份额在 2015 年挤进第五之外，其他部门的进口占比都非常低且差异较大。

进一步地，结合表 4 - 21 来分析 2002 年、2005 年、2007 年、2010 年、2012 年以及 2015 年部门进口 GDP 贡献系数的差异以及动态变化。

表 4－21 各年度进口 GDP 贡献系数前五的部门对比

| 年份 | 部门（贡献系数） | 进口占比（%） | 年份 | 部门（贡献系数） | 进口占比（%） |
|---|---|---|---|---|---|
| 2002 | 石油和天然气开采业（1.0016） | 4.0667 | 2005 | 煤炭开采和洗选业（1.1144） | 0.1905 |
|  | 废品废料（0.9071） | 0.9123 |  | 石油和天然气开采业（0.9390） | 1.8262 |
|  | 金属矿采选业（0.9008） | 1.3606 |  | 废品废料（0.8130） | 1.2591 |
|  | 煤炭开采和洗选业（0.8974） | 0.9069 |  | 电力、热力的生产和供应业（0.7866） | 0.0357 |
|  | 石油加工、炼焦及核燃料加工业（0.8789） | 1.9330 |  | 石油加工、炼焦及核燃料加工业（0.7775） | 6.3360 |
| 2007 | 石油和天然气开采业（0.9476） | 7.7928 | 2010 | 煤炭开采和洗选业（0.9694） | 1.2945 |
|  | 煤炭开采和洗选业（0.9242） | 0.2596 |  | 石油和天然气开采业（0.9694） | 8.4415 |
|  | 电力、热力的生产和供应业（0.8566） | 0.0243 |  | 电力、热力的生产和供应业（0.8534） | 0.0183 |
|  | 废品废料（0.8186） | 1.9030 |  | 石油加工、炼焦及核燃料加工业（0.8174） | 2.0531 |
|  | 石油加工、炼焦及核燃料加工业（0.8116） | 1.9591 |  | 邮政业（0.7702） | 0.0532 |
| 2012 | 煤炭开采和洗选业（0.9965） | 1.4854 | 2015 | 石油和天然气开采业（0.9961） | 6.9012 |
|  | 石油和天然气开采业（0.9477） | 11.7079 |  | 煤炭开采和洗选业（0.9262） | 0.6152 |
|  | 水的生产和供应（0.8543） | 0.0182 |  | 水的生产和供应（0.8345） | 0.0171 |
|  | 非金属矿采选业（0.8374） | 0.5758 |  | 石油加工、炼焦及核燃料加工业（0.8057） | 1.6311 |
|  | 石油加工、炼焦及核燃料加工业（0.8023） | 2.3615 |  | 旅游业（0.7977） | 2.1649 |

资料来源：根据本书编制的各年度中国非竞争型投入产出表计算。

如表 4 - 21 所示，历年来进口 GDP 贡献系数较大的部门主要集中在第二产业，且贡献系数普遍变化不大，而农业和服务业的进口 GDP 贡献系数普遍较低。其中，单位进口产生 GDP 较多的工业部门主要有石油和天然气开采业，煤炭开采和洗选业，石油加工、炼焦及核燃料加工业，这三个部门不但进口 GDP 贡献率较大，部门进口占比也较大。贡献率排名与进口占比一致，是形成高的年度进口 GDP 贡献系数的有利因素。此外，水的生产和供应和电力、热力的生产和供应这两个部门的进口 GDP 贡献率也相对靠前，但是它们的进口占比却很小，对提升年度进口 GDP 贡献系数的作用有限。

值得注意的是，2010 年和 2015 年邮政业和旅游业的进口 GDP 贡献系数分别晋升年度第五，而且旅游业的进口占比也达到了 2.1649%，其对于提升年度进口 GDP 贡献系数的作用不容小觑。实际上，通过分析表 4 - 13 ~ 表 4 - 18，不难发现，近年来，旅游业、住宿和餐饮业以及房地产业的部门进口 GDP 贡献系数在不断提升，大都超过了 0.5，但是这些部门的进口占比还都较低。

## 第四节　本章结论与政策启示

本章首先从需求和供给的视角对进口、出口贸易影响经济的作用机制进行了系统地分析，然后基于非竞争型投入产出表推导进口、出口总量以及部门进口、出口对 GDP 形成和增长贡献的定量测度公式，最后采用中国 2002 年、2005 年、2007 年、2010 年、2012 年和 2015 年的非竞争型投入产出表数据对进口、出口贸易以及部门进口、出口贸易之于我国 GDP 的贡献进行实际的测度。

## 一、本章结论

通过对进口、出口贸易影响经济的理论机制、测度方法以及测度实践的全面研究，可以得到以下基本结论。

### （一）进口、出口影响经济的作用机制

进口和出口影响经济的渠道不尽相同，它们对经济的积极效应各有侧重。其中，出口对经济的贡献主要体现在通过增加对本国产品需求量来拉动产出，即需求拉动型；进口则是通过增加可供本国使用的产品量来推动经济增长，即供给推动型。

### （二）进口、出口对 GDP 贡献的测度方法

支出法恒等式测度方法无法计算进口对于经济增长的贡献；计量分析方法虽能够较好地刻画进出口总量与经济增长之间的长短期动态关系，但是忽略了变量之间的经济结构关系，且没有办法定量测度出进出口对于 GDP 的真实贡献；投入产出法基于投入（供给）和产出（需求）的角度可以分别考虑进口和出口对于经济增长的贡献，还可以考虑各产业之间的直接和间接生产联系，因此它既可以定量测度外贸总量对于 GDP 形成和增长的贡献，又可以考虑部门进出口对于 GDP 的贡献，进而分析外贸结构的合理性。

### （三）进口、出口对中国 GDP 贡献的测度结果

**1. 进口和出口对中国 GDP 贡献的测度结果**

首先，从出口对中国 GDP 贡献的测度结果来看，2002 年、2005 年、2007 年、2010 年、2012 年和 2015 年出口的 GDP 贡献率分别是 18.24%、23.83%、24.53%、19.59%、18.39% 和 16.69%，出口的 GDP 贡献率以 2007 年为界点，呈现出了大幅

上升到逐渐回落的过程；出口 GDP 贡献系数分别是 0.8356、0.7754、0.7863、0.7984、0.8088 和 0.8413，呈现出先大幅下降然后逐渐稳步上涨的态势，且各年单位出口的 GDP 贡献普遍较高；2005 年、2007 年、2010 年、2012 年和 2015 年出口的增长贡献率分别为 34.62%、29.85%、15.08%、18.44% 和 16.36%，出口的增长至少能够带动 15% 的 GDP 增长，出口增长对于经济增长的贡献不容小觑。

其次，从进口对中国 GDP 贡献的测度结果来看，2002 年、2005 年、2007 年、2010 年、2012 年和 2015 年进口的 GDP 贡献率分别是 11.08%、15.14%、13.59%、12.85%、12.31% 和 9.89%，进口的 GDP 贡献率呈现出了波浪式的起伏变化过程，但是总体基本维持在 10% 以上；进口 GDP 贡献系数分别是 0.5015、0.4599、0.4886、0.5111、0.5419、0.5373，历年的贡献系数基本稳定在 0.5 左右；2005 年、2007 年、2010 年、2012 年和 2015 年出口的增长贡献率分别为 22.96%、15.71%、13.62%、12.68% 和 9.62%，进口的增长对 GDP 增长的贡献基本在 10% 以上，但是进口的增长贡献率呈现出逐年下降的态势。

最后，从出口和进口对中国 GDP 贡献的对比来看，无论是从对 GDP 形成的贡献（GDP 形成总量、GDP 形成贡献率、贡献系数），还是从对 GDP 增长的贡献来看，出口对于 GDP 的贡献都要大于进口的 GDP 贡献。

**2. 部门进口和部门出口对中国 GDP 贡献的测度结果**

首先，从部门出口 GDP 贡献的测度结果来看，部门出口 GDP 贡献率差异较大，且出口 GDP 贡献率较高的部门主要集中在通信设备、计算机及其他电子设备制造业，服装皮革羽绒及其制品业，纺织业和化学工业等传统制造业部门，服务部门的出口 GDP 贡献率普遍偏低。但是近年来传统制造业的出口 GDP 贡献率有下降趋势，而服务业特别是新兴服务业（如信息传输、软件和信息技术服务）的出口 GDP 贡献率增长迅速。出口 GDP 贡献系数部门差异较大，单位出口产生 GDP 较多的部门主要集中在第三产业和第一产业。农业一直都是出口 GDP 高贡献系数的第一产业部门。服务业中的房地产业、教育事业、金融保险业和批发和零售等部门的出口 GDP 贡献系数都保持较高水平。近年来，传统工业、制造业部门出口贡献系数逐步下降，服务部门贡献系数则普遍有所上升。出口占比高的部门主要集中在通信设备、计算机及其他电子设备制造业，电气、机械及器材制造业，服装皮革羽绒及其制品业，纺织业，化学工业，仪器仪表及文化办公用机械制造业 6 个传统制造业部门，服务部门除了批发和零售及信息传输、软件和信息技术服务之外，出口占比普遍较低。

其次，从部门进口 GDP 贡献的测度结果来看，部门进口 GDP 贡献率差异显著，进口 GDP 贡献率较高的部门主要集中在化学工业，石油和天然气开采业，以及通信设备、计算机及其他电子设备制造业等传统制造业部门，服务部门的进口 GDP 贡献率普遍偏低。进口 GDP 贡献系数部门差异也较大，历年来进口 GDP 贡献系数较大的部门主要集中在第二产业，且贡献系数普遍变化不大，而农业和服务业的进口 GDP 贡献系数大都较低。近年来，旅游业、住宿和餐饮业以及房地产业的部门进口 GDP 贡献系数在不断提升，大都超过了 0.5；进口占比部门差异也较大，绝大部分进口集中在工业部门，特别是通信设备、计算机和其他电子设备制造业和化学工业，这些部门进口 GDP 贡献系数也都较大。

最后，对比分析部门出口和进口的 GDP 贡献。从 GDP 贡献率的部门差异来看，进口 GDP 贡献率的部门差异更为明显，前五个高进口贡献率部门的进口 GDP 贡献率之和占到 42 个部门累积进口 GDP 贡献率的一半以上；从 GDP 贡献系数的部门差异来看，高出口 GDP 贡献系数的部门多集中在服务业，而高进口 GDP 贡献系数的部门则更多地分布在传统的制造业；从部门贡献系数与部门贸易占比的一致性来看，部门进口的一致性更高，高进口 GDP 贡献系数的通信设备、计算机及其他电子设备制造业和化学工业部门进出口占比都具有绝对优势，而高出口 GDP 贡献系数的服务业部门，出口占比都非常低，从这个角度来说，当前我国的进口贸易结构优于出口贸易结构。

## 二、政策启示

本章对于进口、出口之于我国 GDP 贡献的测度结果和动态比较分析，可以为当前我国贸易政策的制定提供若干启示。

在出口方面，一方面，要看到出口无论在产生 GDP 总量、对 GDP 形成贡献率以及贡献系数等方面皆强于进口，故应制定各种有效政策刺激和鼓励出口，逐渐摆脱后金融危机对出口的影响。在逐步提升出口总量的同时，还应注意防范出口贡献系数的下降，以防止陷入出口总量提升却牺牲出口结构效益的困境。另一方面，要调整出口结构，提高出口的结构效益，大力发展出口贡献系数较高部门的出口，在保持交通运输、仓储和邮政、批发和零售、住宿和餐饮等发展较好的部门出口之外，应注重提升教育、金融、公共管理、社会保障和社会组织和文化、体育和娱乐等出口贡献率较高而出口比重低的部门的出口规模，以提高总体的出口单位 GDP 贡献率。同时，通过制定差异化的出口退税等政策来调整和改善出口的产业结构，以提升出口对于 GDP 的贡献。

在进口方面，考虑到与出口的 GDP 贡献相比，进口对 GDP 贡献率以及进口贡献系数相对稳定且作用比较小，故对进口政策的制定应更加侧重于对现有进口结构的适当调整，通过降低进口关税等有效的手段提高进口贡献系数大的部门的进口比重，以提升总体的进口贡献率。具体而言，要继续发挥石油和天然气开采业，煤炭开采和洗选业，石油加工、炼焦及核燃料加工业等进口贡献系数较高部门的进口优势，同时适当提升和发展旅游业、邮政业以及房地产业等近年来进口 GDP 贡献率较高而进口占比相对较低的服务部门。

# 第五章　服务贸易对浙江省 GDP 贡献的测度

作为贸易 GDP 贡献测度方法和应用的拓展，本章尝试对服务贸易之于浙江省 GDP 的贡献进行专门研究，以期为优化浙江省服务贸易结构、提升服务贸易的 GDP 贡献建言献策。

本章将首先对服务贸易做出概念界定并对浙江省服务贸易发展现状进行描述性统计分析，然后探究服务贸易影响 GDP 的作用机制，据此提出服务贸易对 GDP 贡献的测度方法，进而对服务贸易之于浙江省 GDP 的贡献开展测算实践，最后根据研究结果，提出相应的政策建议。

## 第一节　服务贸易的概念界定

对于服务贸易的定义，众说纷纭，目前尚未形成统一公认的概念界定。《服务贸易总协定》里将服务贸易界定为四个部分。(1) 从一成员的国境向另一成员的国境提供服务。(2) 从一成员的国境向另一成员的服务消费者提供服务。(3) 通过一成员的（服务提供实体）法人在另一成员的商业存在提供服务。(4) 由一成员的自然人在另一成员境内提供服务。国际收支统计中则将服务出口定义为将服务出售给其他国家（地区）的居民，服务进口定义为本国居民从其他国家（地区）购买服务。

联合国将国际服务贸易定义为一国与他国进行服务交换的行为，即将货物加工、装配、维修以及货币、人员、信息等生产要素为非本国居民提供服务，从而取得收入的行为。

此外，为了实际研究分析的需要，对服务贸易的部门划分也不尽相同。《服务贸易总协定》将服务行业分为商业、通信、建筑、销售、教育、环境、金融、卫生、旅游、娱乐、运输、其他等 12 个大部门以及 160 多个分部门；世界贸易组织（WTO）将服务贸易分为：商业性服务、通信服务、建筑服务、销售服务、教育服务、环境服务、金融服务、健康及社会服务、旅游及相关服务、文化娱乐及体育服务、交通运输服务、其他服务；国际货币基金组织（IMF）则将服务贸易分为：民间服务（商业性服务）、投资收益、其他政府服务和收益、不偿还的转移四大类。

本章采用浙江省 2002 年、2007 年、2012 年投入产出表基本表以及 2005 年、2010 年以及 2015 年的投入产出延长表来编制各年份相应的非竞争型投入产出表，进而测度服务贸易对浙江省 GDP 的贡献。

然而，各年度 42 个部门的基本表和延长表中的部门分类并不一致，故需要对部门进行调整。本书的处理方法是以 2012 年 42 个部门投入产出表中的部门分类为基础，对其余各年的投入产出表进行统一调整，并将交通运输、仓储和邮政，信息传输、软件和信息技术服务，批发和贸易零售业，住宿和餐饮业，金融业，房地产业，租赁和商务服务业，科学研究和技术服务，水利、环境和公共设施管理，其他社会服务业，社会组织等 14 个部门归为浙江省服务贸易部门。

## 第二节 浙江省服务贸易发展现状分析

本节从规模、结构以及竞争力三个方面对当前浙江省服务贸易的发展现状进行全面的描述性统计分析，以期为后续服务贸易的 GDP 贡献测度提供现实基础。

## 一、浙江省服务贸易发展的规模分析

浙江省作为我国经济较发达省份，服务贸易在近年取得了快速的发展。以下从服务贸易总体规模、服务贸易进口规模与服务贸易出口规模对比以及服务贸易规模与货物贸易规模对比三个方面对当前浙江省服务贸易的发展规模进行全面的统计分析。

### （一）浙江省服务贸易总体规模分析

随着服务业的发展与服务市场对外开放的不断深入，浙江省的服务贸易得到了较快发展，进口贸易额和出口贸易额都呈现快速上升态势。表 5 -1 数据显示，2006 年浙江省服务贸易进出口总额不足百亿美元，仅 75 亿美元，2017 年突破 500 亿大关，增至 542.52 亿美元，总量翻了近三番，年均增量高达 45.50 亿美元，年均增速达到了 19.71%。与此同时，服务贸易出口额从 52.06 亿美元增至 359.70 亿美元，年均增量为 27.97 亿美元，年均增速为 19.21%，同期服务贸易进口额也从 22.95 亿美元增至 182.82 亿美元，年均增量为 14.08 亿美元，年均增速为 20.76%。显然，无论总额还是分项的进口额或出口额，浙江省服务贸易在 2006 ~ 2017 年间都经历了一个较快发展阶段。

**表 5 -1　　2006 ~ 2017 年浙江省服务贸易总体规模**

| 年份 | 服务贸易总额（亿美元） | | | 全国服务贸易占比（%） | | |
|---|---|---|---|---|---|---|
| | 进出口 | 出口 | 进口 | 进出口 | 出口 | 进口 |
| 2006 | 75.00 | 52.06 | 22.95 | 3.70 | 5.08 | 2.29 |
| 2007 | 111.02 | 63.01 | 48.00 | 4.21 | 4.67 | 3.71 |
| 2008 | 150.49 | 82.63 | 67.86 | 4.69 | 5.08 | 4.29 |

续表

| 年份 | 服务贸易总额（亿美元） | | | 全国服务贸易占比（%） | | |
|---|---|---|---|---|---|---|
| | 进出口 | 出口 | 进口 | 进出口 | 出口 | 进口 |
| 2009 | 156.08 | 91.71 | 64.36 | 5.54 | 6.87 | 4.35 |
| 2010 | 200.67 | 120.66 | 80.01 | 5.40 | 6.77 | 4.14 |
| 2011 | 238.85 | 145.94 | 92.90 | 5.32 | 7.26 | 3.75 |
| 2012 | 270.38 | 173.49 | 96.89 | 5.60 | 8.61 | 3.44 |
| 2013 | 325.64 | 200.40 | 125.24 | 6.06 | 9.68 | 3.79 |
| 2014 | 381.01 | 244.32 | 136.69 | 5.84 | 11.15 | 3.16 |
| 2015 | 442.16 | 284.58 | 157.58 | 6.74 | 12.94 | 3.60 |
| 2016 | 477.67 | 312.19 | 165.48 | 7.22 | 14.90 | 3.66 |
| 2017 | 542.52 | 359.70 | 182.82 | 7.80 | 15.76 | 3.91 |

资料来源：根据《浙江商务年鉴》和《中国商务年鉴》各年度数据整理计算。

图 5－1 的折线图显示了 2006～2017 年浙江省服务贸易的动态发展过程。服务贸易进出口总额、出口额以及进口额折线图在样本期内基本保持上涨态势。进口额折线始终位于出口额折线图之上，且进口、出口折线位置差距越来越大。这表明浙江省服务

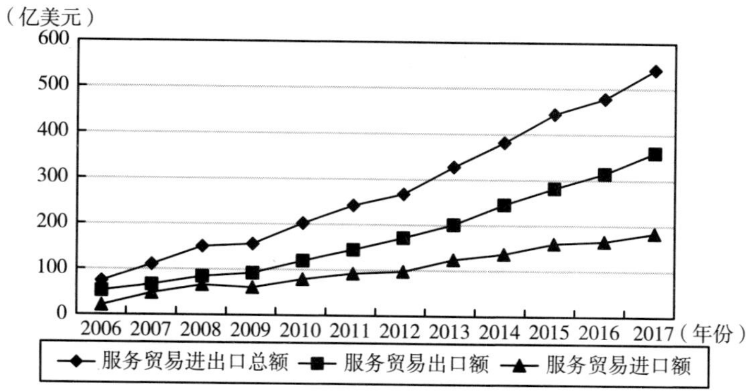


**图 5－1　2006～2017 年浙江省服务贸易进出口额**

资料来源：根据表 5－1 数据绘制。

贸易出口规模远超进口规模，且这种优势还呈现出不断扩大之势。

为了考察浙江省服务贸易在全国服务贸易中的地位，本书分别计算了浙江省服务贸易总额、出口额以及进口额在全国服务贸易总额、出口额以及进口额中的占比。

表 5 – 1 的占比数据以及图 5 – 2 的折线图显示，2006 ~ 2017 年，进出口总额、出口额以及进口额的全国占比虽都呈现整体上升态势，但占比都偏低。浙江省服务贸易进出口总额占全国服务贸易总额的比重虽然从 2006 年的 3.7% 稳步上升至了 2017 年的 7.8%，占比数值在 12 年间也翻了番，但是比值却偏小，不到 10%，这与浙江省经济大省的地位并不匹配。

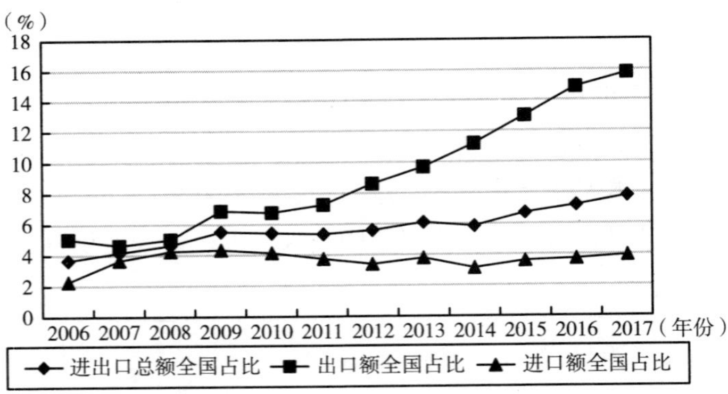


**图 5 – 2　2006 ~ 2017 年浙江省服务贸易占全国服务贸易的比重**

资料来源：根据表 5 – 1 数据绘制。

## （二）浙江省服务贸易进口规模和出口规模的对比分析

2006 ~ 2017 年间，浙江省服务贸易进口规模和出口规模虽然都得到了较快发展，然而特征各异。

首先，出口额一直高于进口额，服务贸易顺差特征明显，且进出口差额呈不断扩大趋势。如表 5 – 2 所示，服务贸易进出口差额数值一直为正，且不断增大。图 5－3 也直观反映了服务贸易进口规模与出口规模的这种变化过程。

**表 5－2　2006～2017 年浙江省服务贸易进口和出口对比**

| 年份 | 服务贸易总额（亿美元） | | | 服务贸易占比（%） | | |
|---|---|---|---|---|---|---|
| | 出口 | 进口 | 差额 | 进出口 | 出口 | 进口 |
| 2006 | 52.06 | 22.95 | 29.11 | 75.00 | 69.41 | 30.59 |
| 2007 | 63.01 | 48.00 | 15.01 | 111.02 | 56.76 | 43.24 |
| 2008 | 82.63 | 67.86 | 14.77 | 150.49 | 54.91 | 45.09 |
| 2009 | 91.71 | 64.36 | 27.35 | 156.08 | 58.76 | 41.24 |
| 2010 | 120.66 | 80.01 | 40.65 | 200.67 | 60.13 | 39.87 |
| 2011 | 145.94 | 92.90 | 53.04 | 238.85 | 61.10 | 38.90 |
| 2012 | 173.49 | 96.89 | 76.61 | 270.38 | 64.17 | 35.83 |
| 2013 | 200.40 | 125.24 | 75.16 | 325.64 | 61.54 | 38.46 |
| 2014 | 244.32 | 136.69 | 107.63 | 381.01 | 64.12 | 35.88 |
| 2015 | 284.58 | 157.58 | 127.00 | 442.16 | 64.36 | 35.64 |
| 2016 | 312.19 | 165.48 | 146.71 | 477.67 | 65.36 | 34.64 |
| 2017 | 359.70 | 182.82 | 176.88 | 542.52 | 66.30 | 33.70 |

资料来源：根据《浙江商务年鉴》各年度数据整理计算。

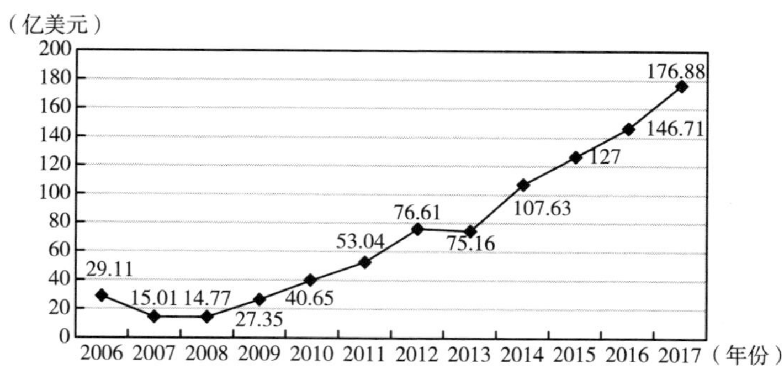


**图 5－3　2006～2017 年浙江省服务贸易进出口差额**

资料来源：根据表 5－2 数据绘制。

其次，出口的服务贸易占比明显高于进口占比，浙江省服务贸易出口优势明显。从表 5 －2 进口、出口服务贸易占比的数据来看，出口贸易占比均在 50% 以上，且在 2010 年后持续维持在 60% 以上，2016 年和 2017 年连续两年超过了 65%；而进口服务贸易占比基本在 45% 以下，且占比有不断下滑趋势，2016 年和 2017 年更是连续两年跌破 35%。

最后，服务贸易出口的全国占比在数值和增速上都明显高于服务贸易进口的全国占比。表 5 －1 中全国服务贸易占比数据显示，各年出口占比数值都显著高于进口占比，且出口占比在 2009 年攀升至 5% 之后，呈持续高速增长态势，在 2017 年达到了 15.91%，浙江省服务贸易出口在全国服务贸易出口中的地位凸显。与此同时，服务贸易进口的全国占比却一直维持在较低的水平，且呈小幅波动变化的特征。图 5 －2 中服务贸易出口折线始终位于服务贸易进口折线上方，且前者持续上升，而后者在 4% 水平之下小幅震荡，也直观地反映了服务贸易进出口全国占比的变化差异。

### （三）浙江省服务贸易规模与货物贸易规模的对比分析

2006 ~2017 年间，浙江省服务贸易额的增速显著高于货物贸易额，且服务贸易总额占比上升趋势明显，但服务贸易总额与货物贸易总额相差仍然悬殊（见表 5 －3）。

**表 5 －3　2006 ~2017 年浙江省服务贸易与货物贸易对比**

| 年份 | 总额（亿美元） | | 占比（%） | |
|---|---|---|---|---|
| | 服务贸易 | 货物贸易 | 服务贸易 | 货物贸易 |
| 2006 | 75.00 | 1391.42 | 5.11 | 94.89 |
| 2007 | 111.02 | 1768.47 | 5.91 | 94.09 |
| 2008 | 150.49 | 2111.34 | 6.65 | 93.35 |

续表

| 年份 | 总额（亿美元） | | 占比（%） | |
|---|---|---|---|---|
| | 服务贸易 | 货物贸易 | 服务贸易 | 货物贸易 |
| 2009 | 156.08 | 1877.31 | 7.68 | 92.32 |
| 2010 | 200.67 | 2535.35 | 7.33 | 92.67 |
| 2011 | 238.85 | 3093.78 | 7.17 | 92.83 |
| 2012 | 270.38 | 3124.01 | 7.97 | 92.03 |
| 2013 | 325.64 | 3357.89 | 8.84 | 91.16 |
| 2014 | 381.01 | 3550.40 | 9.69 | 90.31 |
| 2015 | 442.16 | 3467.84 | 11.31 | 88.69 |
| 2016 | 477.67 | 3343.36 | 12.50 | 87.50 |
| 2017 | 542.52 | 3792.20 | 12.52 | 87.48 |

资料来源：根据《浙江商务年鉴》各年度数据整理计算。

如表 5-3 所示，服务贸易总额从 2006 年的 75 亿美元增至 2017 年的 542.52 美元，绝对增量为 467.52 亿美元，年均增量为 45.50 亿美元，年均增速为 19.71%。同期，货物贸易总额从 2006 年的 1391.42 亿美元增至 2017 年的 3792.20 亿美元，绝对增量为 2400.78 亿美元，年均增量为 218.25 亿美元，年均增速为 9.54%。

就服务贸易与货物贸易的贸易占比来看，货物贸易占比优势明显，但是服务贸易占比有持续上涨的趋势，而货物贸易占比却一直呈现出持续下降的态势。服务贸易额总额明显低于货物贸易总额，但是前者的增速明显快于后者。如表 5-3 所示，服务贸易占比从 2006 年的 5.11% 增至 2017 年度的 12.52%，上涨了近 7 个百分点，而货物贸易的占比却从 94.89% 下降至 87.48%，表明服务贸易存在发展潜力，在浙江省贸易中的比重开始凸显。图 5-4 所示的服务贸易和货物贸易占比图中货物贸易占比折线始终位于服务贸易占比折线之上，但前者下降态势明显，后者却呈现出持续上升态势，两者之差逐渐递减。

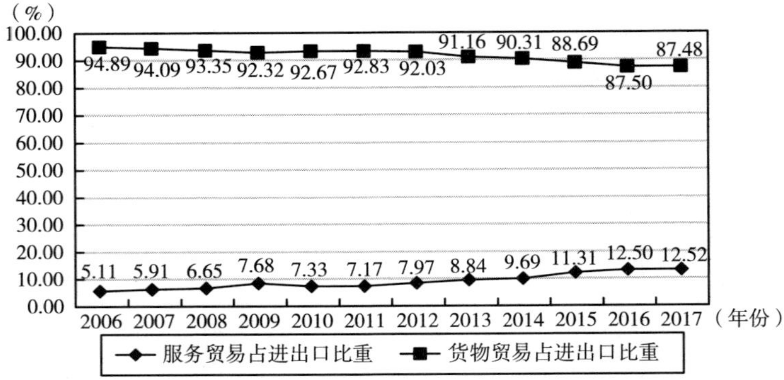


**图 5-4　2006~2017 年浙江省服务贸易与货物贸易占比**

资料来源：根据表 5-3 数据绘制。

## 二、浙江省服务贸易发展的结构分析

随着浙江省服务贸易规模的不断扩大，服务贸易的部门结构也发生了较大的改变。以下从服务贸易的总体结构、出口结构以及进口结构三个方面进行全面的描述性统计分析。

### （一）浙江省服务贸易总体结构分析

浙江省服务贸易主要以运输服务、旅游服务、建筑和相关工程服务三大传统服务贸易为主，计算机和信息服务等新兴服务贸易发展态势良好。如图 5-5 所示，2017 年浙江省三大传统服务贸易进出口占全省服务贸易进出口额的比重为 57.63%，相比 2016 年下降了 3.91 个百分点。其中，旅游服务进出口额占全省服务贸易进出口总额的 28.81%，较 2016 年下降 2.46 个百分点；运输服务进出口额占全省服务贸易进出口总额的 15.24%，较 2016 年下降 0.32 个百分点；建筑及相关工程服务的进出口占比为 13.58%，较 2016 年下降 1.13 个百分点。三大传统服务贸易之外的服务贸易占比为 42.37%，其中计算机和信息服务、教育服务为别位居第一和第二，占比分别到达了 19.13% 和 10.22%，新兴服务贸易重要性开始凸显。

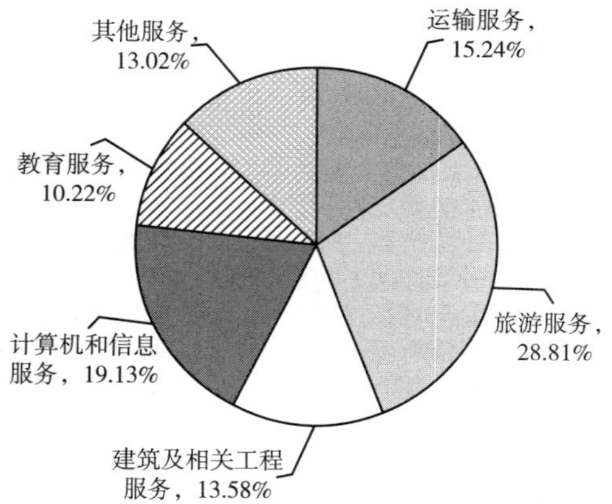


**图 5－5　2017 年浙江省服务贸易部门结构分布**

资料来源：根据《浙江商务年鉴 2018》数据整理计算。

图 5－6 是将旅游服务贸易、运输服务、建筑和相关工程服务与计算机信息服务之外服务合并为其他服务后的部门占比条形图，它展示了近年来浙江省服务贸易的总体结构特征。不难发现，2006～2017 年三大传统服务业的服务贸易占比均超过 50%，且各年基本以旅游服务贸易占比为首，运输服务次之，建筑和相关工程服务位列第三。

值得注意的是，尽管传统服务贸易依然占据浙江省服务贸易的主导地位，但随着经济全球化和高新技术产业的迅速发展，以计算机和信息服务为代表的新兴产业呈现出不断扩大的趋势。如图 5－6 所示，计算机和信息服务进出口占比在 2006～2017 年间得到了大幅提升，其占比近年来甚至超过传统领域。以 2017 年为例，以金融、保险和计算机为代表的新兴服务贸易进出口额达到了 706.11 亿美元，贸易增幅达到 21.52%，尤其是计算机和信息服务，增幅达到 21.79%。与此同时，浙江省三大传统贸易进出口增幅仅为 9.26%，低于全省服务贸易进出口增幅 15.45%，差距达到 6.19%。

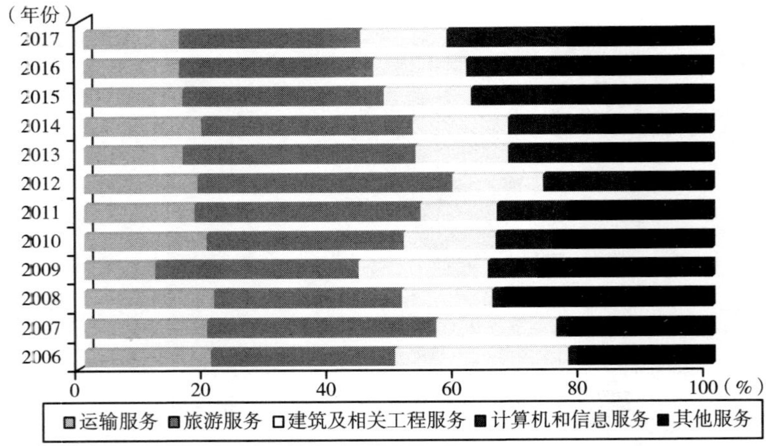


**图 5－6　2006～2017 年浙江省服务贸易主要部门进出口额的占比**

资料来源：根据《浙江商务年鉴》各年度数据整理计算。

### （二）浙江省服务贸易出口结构分析

从服务贸易出口结构来看，浙江省传统服务贸易仍占主导地位。根据表 5－4 数据计算可得，2006 年浙江省运输服务、旅游服务以及建筑服务三大传统服务贸易出口占比高达 93.73%。经历了十余年的发展之后，2017 年浙江省传统服务贸易出口额仍占服务贸易总出口额的六成。其中，建筑、旅游两大传统服务出口的比重整体呈下滑之势，旅游业更是失去绝对优势，其所占份额从 2006 年的 40.97% 下降至 2017 年的 23.02%；运输服务则发展平稳，其出口额占服务贸易总出口额基本稳定在 18% 附近。与此同时，浙江省现代服务贸易出口的比重从 2006 年的占比 6.27% 上升

表 5－4　　2006～2017 年浙江省服务分行业出口比重　　单位：%

| 部门 | 2006 年 | 2007 年 | 2008 年 | 2009 年 | 2010 年 | 2011 年 | 2012 年 | 2013 年 | 2014 年 | 2015 年 | 2016 年 | 2017 年 |
|---|---|---|---|---|---|---|---|---|---|---|---|---|
| 运输服务 | 13.60 | 16.21 | 22.59 | 11.34 | 19.15 | 18.94 | 18.65 | 17.17 | 22.38 | 19.40 | 18.45 | 17.91 |
| 旅游 | 40.97 | 42.97 | 36.66 | 35.15 | 32.31 | 31.12 | 29.70 | 26.91 | 23.55 | 22.26 | 24.14 | 23.02 |
| 通信服务 | 0.04 | 0.04 | 0.03 | 0.06 | 0.06 | 0.07 | 0.12 | 0.75 | 0.08 | 2.51 | 0.20 | 2.83 |
| 建筑服务 | 39.16 | 33.08 | 25.33 | 31.37 | 23.93 | 19.95 | 21.40 | 22.52 | 21.85 | 21.26 | 21.69 | 19.60 |
| 保险服务 | 0.15 | 0.12 | 0.25 | 0.12 | 0.11 | 0.06 | 0.10 | 0.08 | 0.11 | 0.07 | 0.12 | 0.12 |
| 金融服务 | 0.00 | 0.00 | 0.05 | 0.01 | 0.02 | 0.02 | 0.01 | 0.01 | 0.02 | 0.02 | 0.02 | 0.01 |
| 计算机和信息服务 | 1.66 | 2.92 | 2.59 | 13.44 | 14.76 | 17.76 | 21.31 | 23.10 | 23.10 | 24.91 | 26.86 | 27.51 |
| 专有权利使用费和特许费 | 0.18 | 0.40 | 0.29 | 0.03 | 0.05 | 0.04 | 1.22 | 0.51 | 0.00 | 0.00 | 0.00 | 0.00 |
| 咨询 | 1.27 | 2.22 | 2.63 | 2.50 | 2.14 | 0.91 | 0.94 | 1.27 | 1.14 | 1.88 | 2.51 | 2.61 |
| 广告、宣传 | 0.09 | 0.05 | 0.06 | 0.11 | 0.45 | 0.66 | 0.20 | 4.87 | 5.03 | 4.92 | 3.13 | 2.66 |
| 电影、音像 | 0.02 | 0.18 | 0.06 | 0.07 | 0.04 | 0.72 | 0.84 | 0.13 | 0.32 | 0.34 | 0.71 | 1.11 |
| 其他商业服务 | 2.63 | 1.64 | 9.35 | 5.57 | 6.72 | 9.68 | 5.52 | 2.67 | 2.42 | 2.42 | 2.18 | 2.62 |

资料来源：根据《浙江商务年鉴》各年度数据整理计算。

到了 2017 年的 39.47%。许多大量使用知识、资本的高端生产性服务贸易，例如计算机、电信等服务的出口占比均呈现快速上升势头。2017 年计算机与信息服务出口额增幅达到 19.96%，占比已突破 25%，连续三年超过旅游服务贸易出口，已然成为浙江省服务贸易出口行业的第一把交椅。而像广告宣传、电影音像等文化服务的贸易出口额也与日俱增。2017 年，浙江省广告宣传服务出口占比为 2.66%，较 2006 年增长 2.57 个百分点；电影、音像服务出口占比为 1.11%，较 2006 年增长 1.09 个百分点。尽管近年来计算机和文化服务发展势头强劲，但金融、保险等新兴领域发展缓慢，比例严重偏低。这说明浙江省服务贸易出口结构不甚合理，高附加值服务行业的发展已迫在眉睫。总体而言，浙江省服务贸易出口仍以劳动密集型与传统型为主，尽管近年来传统服务出口占比正在不断下降，但依然是服务贸易部门的中流砥柱。但同时，像计算机与信息服务等新兴服务的发展潜力不容小觑。

### （三）浙江省服务贸易进口结构分析

从服务贸易进口结构来看，浙江省服务贸易进口的主要份额集中于旅游业和咨询服务业。根据表 5－5 数据可知，旅游服务进口份额占服务贸易总进口额从 2006 年的 3.26% 激增至 2007 年的 28.37%，随后快速上升至 2012 年的 60.27%，达到历史最高值，近几年有所缩减，但 2017 年仍达到 40.20%；咨询服务业进口所占据的份额从 2011 年的 1.59% 一路上升至 2017 年的 25.21%，发展潜力可观。作为传统服务贸易部门，运输服务在 2006～2017 年间规模逐渐缩小，其进口额占服务贸易总进口额从 2006 年的 42.01% 下滑至 2017 年的 9.98%；而建筑服务所占份额较为稳定，常年集中在 0.10%～5.00%。随着经济结构转型升级和高质量发展的深入推进，浙江省对高附加值服务的进口需

表 5－5　2006～2017 年浙江省服务分行业进口比重　单位：%

| 部门 | 2006 年 | 2007 年 | 2008 年 | 2009 年 | 2010 年 | 2011 年 | 2012 年 | 2013 年 | 2014 年 | 2015 年 | 2016 年 | 2017 年 |
|---|---|---|---|---|---|---|---|---|---|---|---|---|
| 运输服务 | 42.01 | 23.67 | 17.91 | 11.23 | 20.10 | 15.25 | 16.71 | 12.68 | 11.32 | 8.99 | 8.25 | 9.98 |
| 旅游 | 3.26 | 28.37 | 22.14 | 28.36 | 27.50 | 44.17 | 60.27 | 53.30 | 52.37 | 49.53 | 44.71 | 40.20 |
| 通信服务 | 0.05 | 0.18 | 0.25 | 2.89 | 0.65 | 0.21 | 0.13 | 0.12 | 0.11 | 0.18 | 0.13 | 0.15 |
| 建筑服务 | 1.07 | 0.32 | 0.64 | 4.76 | 3.07 | 0.11 | 1.92 | 1.34 | 2.52 | 0.72 | 1.54 | 1.75 |
| 保险服务 | 0.32 | 0.15 | 0.11 | 0.10 | 0.13 | 0.14 | 0.14 | 0.06 | 0.14 | 0.12 | 0.10 | 0.08 |
| 金融服务 | 0.16 | 0.08 | 0.31 | 0.14 | 0.13 | 0.19 | 0.13 | 0.11 | 0.15 | 0.20 | 0.16 | 0.10 |
| 计算机和信息服务 | 0.88 | 0.36 | 0.43 | 0.74 | 0.45 | 0.41 | 0.45 | 1.28 | 0.95 | 2.55 | 1.68 | 2.64 |
| 专有权利使用费和特许费 | 7.94 | 4.44 | 3.68 | 6.07 | 5.10 | 4.06 | 2.81 | 1.38 | 0.00 | 0.01 | 0.01 | 0.01 |
| 咨询 | 13.19 | 7.76 | 8.53 | 5.23 | 2.79 | 1.59 | 1.68 | 12.51 | 15.07 | 19.62 | 25.53 | 25.21 |
| 广告、宣传 | 3.04 | 1.49 | 1.46 | 1.86 | 2.26 | 1.81 | 6.54 | 6.49 | 4.91 | 4.30 | 3.82 | 3.13 |
| 电影、音像 | 0.07 | 0.03 | 0.06 | 0.10 | 0.23 | 0.60 | 6.80 | 0.80 | 2.64 | 2.57 | 2.58 | 2.29 |
| 其他商业服务 | 37.75 | 20.49 | 31.24 | 15.90 | 16.69 | 31.45 | 2.40 | 9.93 | 9.82 | 11.21 | 11.49 | 14.48 |

资料来源：根据《浙江商务年鉴》各年度数据整理计算。

求正不断扩大。数据显示，2012～2017 年，浙江省计算机和信息服务、电影音像服务、广告宣传服务的进口均出现了不同幅度的高速增长，这显示浙江省对新兴服务的需求正逐渐增强。新兴服务贸易高速增长一方面源于制造业升级对高端生产性服务的需求增加，另一方面源于人均收入提高带来的对文娱产品需求提升。但这也间接表明浙江省本土相关服务发展相对滞后，无法满足经济发展的需要。相比而言，金融服务、保险服务、通信服务这些知识密集型服务行业的进口额增速则稍显疲软，其占比从未突破 1%，主要原因在于这些行业市场相对封闭垄断，缺少必要竞争，这在一定程度上阻碍了浙江省服务贸易的发展。

## 三、浙江省服务贸易竞争力分析

在服务贸易规模不断扩大以及部门结构不断优化之时，浙江省服务贸易的竞争力也在悄然改变。以下从总体竞争力和行业竞争力两个方面对 2006～2017 年浙江省服务贸易竞争力的发展变化进行描述性统计分析。

### （一）浙江省服务贸易总体竞争力分析

如图 5－7 所示，2006～2017 年间浙江省服务贸易竞争力经历了快速下降到逐步回升，然后稳步上涨的态势。服务贸易竞争力指数[①]从 2006 年的 0.39 下滑至 2008 年的 0.10，2010 年回转为 0.20，其后 2013～2017 年一路升高，这表明近几年，浙江省对服务贸易的发展日益关注，服务贸易竞争力在不断提高。

横向比较全国及部分沿海省市，发现各地区服务贸易竞争力指数差距明显。表 5－6 所示的 2017 年全国及七个沿海省市服务

---

① 服务贸易竞争力指数 =（服务贸易出口额 - 服务贸易进口额）/服务贸易进出口总额。

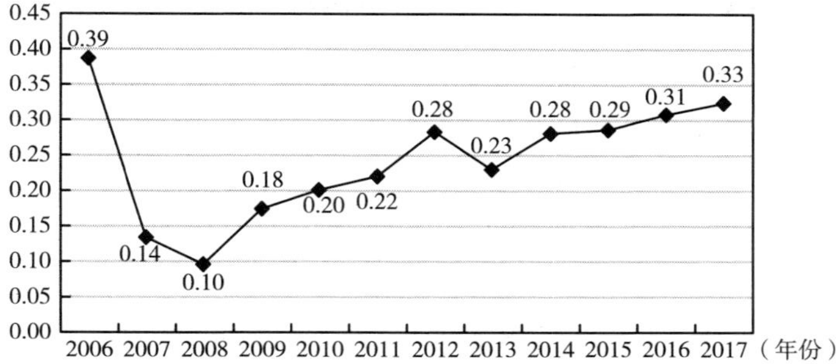


**图 5 - 7 2006 ~ 2017 年浙江省服务贸易竞争力指数**

资料来源：根据《浙江商务年鉴》各年度数据整理计算。

贸易竞争力计算结果显示，仅有浙江省的服务贸易竞争力指数为正值，且高达 0.33，显著高于全国水平 -0.34，而其他沿海地区因存在贸易逆差，其竞争力指数均为负值，上海市为 -0.46、广东省为 -0.24、福建省为 -0.31、辽宁省为 -0.48、山东省为 -0.04、河北省为 -0.59。上述数据直观地表明，浙江省服务贸易国际竞争优势显著。

**表 5 - 6 2017 年全国及部分沿海省市服务贸易竞争力**

| 指标 | 全国 | 浙江省 | 上海市 | 广东省 | 福建省 | 辽宁省 | 山东省 | 河北省 |
|---|---|---|---|---|---|---|---|---|
| 服务贸易进出口总额（亿美元） | 6956.8 | 542.5 | 1954.7 | 1800.4 | 217.4 | 171.9 | 522.6 | 86.1 |
| 服务贸易顺差（亿美元） | -2395.0 | 176.9 | -906.1 | -429.3 | -68.3 | -81.7 | -21.3 | -50.5 |
| 服务贸易竞争力指数 | -0.34 | 0.33 | -0.46 | -0.24 | -0.31 | -0.48 | -0.04 | -0.59 |

资料来源：根据《中国商务年鉴（2018）》数据整理计算。

## （二）浙江省服务贸易分行业竞争力分析

表 5 - 7 所示的分行业服务贸易竞争力测算结果显示，浙江

省服务贸易竞争力行业差异较大，最具竞争优势的分别为计算机和信息服务、建筑服务。2006～2017 年这两个行业的服务贸易竞争力指数均在 0.80 以上。通信服务的竞争力指数除 2007～2011 年为负之外，2006、2012～2017 年均为正值，且 2017 年高达 0.95。运输服务也展现了极强的竞争力与极大的发展前景，在 2006～2017 年其竞争力指数从 -0.06 一直稳步上升至 0.56。而旅游作为浙江省三大传统服务贸易出口之一，在近十几年的时间里，其竞争力指数却在逐年下降，在 2013～2015 年更是出现了负数，这说明浙江省旅游服务贸易竞争力较为薄弱。金融服务、咨询、使用费和特许费等行业的竞争力指数几乎都为负数，表明浙江省高附加值、技术密集型和知识密集型服务业国际竞争力相对较低。其中，金融服务贸易逆差由 2006 年的 307 万美元大幅扩大至 8714 万美元，其竞争力指数虽然从 2006 年的 -0.96 上升至 2017 年的 -0.56，但仍处于极大竞争劣势范围；咨询行业的服务贸易逆差仍然在不断拉大，近几年已突破服务贸易极大逆差线 -0.60，2017 年其竞争力指数为 -0.66；专利使用费和特权费服务行业竞争力指数在 2006～2012 年基本维持在 -0.90 附近，表明这段时期浙江省在该产业上一直处于极大劣势，但自 2013 年起该产业开始扭转劣势局面，竞争力指数不断向好发展，2017 年达到 0.25。以电影、音像服务行业为代表的文化服务也正处于发力阶段，2017 年其贸易出口额已激增至 27.01 亿美元，当期竞争力指数为 -0.02，竞争劣势逐渐减弱，国际竞争力明显提高。而广告、宣传服务行业的竞争力指数常年逼近负值极端情况，竞争劣势极大。

整体来看，浙江省传统服务行业竞争优势明显，现代知识密集型服务贸易行业、文化服务行业的竞争力普遍不高，但值得注意的是，这些服务行业贸易竞争力正逐渐增强，未来发展空间不可忽视。

表 5 – 7　　2006 ~ 2017 年浙江省服务贸易分行业竞争力指数

| 行业 | 2006 年 | 2007 年 | 2008 年 | 2009 年 | 2010 年 | 2011 年 | 2012 年 | 2013 年 | 2014 年 | 2015 年 | 2016 年 | 2017 年 |
| --- | --- | --- | --- | --- | --- | --- | --- | --- | --- | --- | --- | --- |
| 总体 | 0. 39 | 0. 14 | 0. 10 | 0. 18 | 0. 21 | 0. 22 | 0. 28 | 0. 23 | 0. 28 | 0. 29 | 0. 31 | 0. 33 |
| 运输服务 | -0. 06 | -0. 05 | 0. 21 | 0. 18 | 0. 19 | 0. 32 | 0. 33 | 0. 36 | 0. 54 | 0. 59 | 0. 62 | 0. 56 |
| 旅游 | 0. 94 | 0. 33 | 0. 34 | 0. 28 | 0. 28 | 0. 05 | -0. 06 | -0. 12 | -0. 11 | -0. 10 | 0. 01 | 0. 06 |
| 通信服务 | 0. 42 | -0. 56 | -0. 73 | -0. 94 | -0. 74 | -0. 32 | 0. 25 | 0. 82 | 0. 10 | 0. 92 | 0. 48 | 0. 95 |
| 建筑服务 | 0. 98 | 0. 99 | 0. 96 | 0. 81 | 0. 91 | 0. 99 | 0. 90 | 0. 93 | 0. 88 | 0. 96 | 0. 93 | 0. 91 |
| 保险服务 | 0. 13 | 0. 04 | 0. 46 | 0. 24 | 0. 11 | -0. 21 | 0. 10 | 0. 34 | 0. 18 | 0. 01 | 0. 40 | 0. 51 |
| 金融服务 | -0. 96 | -0. 86 | -0. 69 | -0. 82 | -0. 67 | -0. 76 | -0. 79 | -0. 68 | -0. 65 | -0. 72 | -0. 59 | -0. 56 |
| 计算机和信息服务 | 0. 67 | 0. 83 | 0. 76 | 0. 93 | 0. 96 | 0. 97 | 0. 98 | 0. 95 | 0. 96 | 0. 89 | 0. 94 | 0. 91 |
| 使用费和特许费 | -0. 88 | -0. 79 | -0. 82 | -0. 98 | -0. 97 | -0. 97 | -0. 90 | 0. 23 | 0. 30 | 0. 35 | 0. 21 | 0. 25 |
| 咨询 | -0. 58 | -0. 45 | -0. 45 | -0. 19 | 0. 08 | -0. 05 | -0. 12 | -0. 73 | -0. 76 | -0. 71 | -0. 69 | -0. 66 |
| 广告、宣传 | -0. 85 | -0. 92 | -0. 91 | -0. 84 | -0. 53 | -0. 27 | -0. 00 | -0. 27 | -0. 92 | -0. 89 | -0. 91 | -0. 82 |
| 电影、音像 | -0. 05 | 0. 78 | 0. 12 | -0. 02 | -0. 59 | 0. 31 | -0. 64 | -0. 59 | -0. 64 | -0. 61 | -0. 32 | -0. 02 |
| 其他商业服务 | -0. 68 | -0. 81 | -0. 47 | -0. 33 | -0. 23 | -0. 35 | 0. 61 | -0. 41 | -0. 38 | -0. 44 | -0. 47 | -0. 48 |

资料来源：根据《浙江商务年鉴》各年度数据整理计算。

## 第三节　服务贸易对地区 GDP 贡献的测度方法研究

为了定量测度服务贸易之于浙江省 GDP 的实际贡献，以下从投入产出视角，讨论服务贸易对于地区 GDP 贡献的一般测度方法。我们首先对服务贸易影响地区经济的作用机制进行简要的概述，以为采用投入产出方法分析服务贸易对 GDP 的贡献提供理论基础；其次，基于地区非竞争型投入产出表的横向关联，探讨服务贸易出口以及部门服务贸易出口对地区 GDP 贡献的测算方法；最后，从地区非竞争型投入产出表的纵向关联，推导服务贸易进口以及部门服务贸易进口对地区 GDP 贡献的测算公式。

### 一、服务贸易贡献地区 GDP 的作用概述

比较优势理论阐明，由于国家（地区）产品存在差异引致了产品的跨国（区）流动，进而产生了进出口贸易活动。就服务贸易而言，当本国的服务与国外服务之间存在相对比较优势，同时国外存在对本国此服务的需求，便产生了本国服务出口这一行为，并引致了该服务商品销售量的增加，提升了本国企业员工的收入、创造更多的就业机会等方方面面的积极效应。同理，在国外服务存在比较优势之时，进口该服务成为必然。如此，既可以满足国内居民的最终消费需求，还能用作企业生产过程中的中间产品或服务，以维持国内企业的顺利生产，这些对于居民、企业乃至整个宏观经济都具有积极的效应。显然，服务进口和服务出口对 GDP 的贡献各有侧重，出口的 GDP 贡献主要体现在通过增加对本国服务的国外需求来拉动产出，即需求拉动型；进口则是通过增加可供本国使用的国外服务来推动产出，即供给推动型。

服务进口和服务出口对 GDP 贡献的不同体现决定了在度量服务贸易的 GDP 贡献时，需要将服务进口和服务出口分别来考虑。幸运的是，投入产出分析可以为进口、出口服务贸易之于 GDP 贡献的测度提供方法支持，即基于投入产出表，从横向产出（需求）角度考察服务出口的 GDP 贡献，从纵向投入（供给）角度测度服务进口的 GDP 贡献。值得注意的是，要纯粹地度量国内服务贸易的 GDP 贡献，需要对产品进行分离，即需要基于非竞争型投入—产出表来分析。

## 二、服务贸易出口对地区 GDP 贡献的测度方法

以下基于地区非竞争型投入产出表，从需求角度考察服务贸易出口以及部门服务贸易出口对于地区 GDP 贡献的测度方法。

### （一）服务贸易出口的地区 GDP 贡献测度

对于表 3－6 所示的非竞争型地区投入产出表中的矩阵元素，省内产品存在横向等式关系：

$$\sum_{j=1}^{n} a_{ij}^{d} x_j + y_i^{d} = x_i \qquad (5-1)$$

写成矩阵形式为：

$$A^D X + Y^D = X \qquad (5-2)$$

解之得：

$$X = (I - A^D)^{-1} Y^D \qquad (5-3)$$

由于国内生产的最终产品 $Y^D$ 可以表示为：

$$Y^D = C^D + IN^D + EX^D + OF^D \qquad (5-4)$$

于是，式（5－3）所示的总产出向量 $X$ 又可以改写为：

$$
\begin{aligned}
X &= (I - A^D)^{-1}C^D + (I - A^D)^{-1}IN^D + (I - A^D)^{-1}EX^D \\
&\quad + (I - A^D)^{-1}OF^D \\
&= X^C + X^{IN} + X^{EX} + X^{OF}
\end{aligned} \tag{5-5}
$$

其中，$X^C = (I - A^D)^{-1}C^D$ 是省内产品中由最终消费需求带来的总产出；

$X^{IN} = (I - A^D)^{-1}IN^D$ 是由省内产品资本形成引致的总产出；

$X^{EX} = (I - A^D)^{-1}EX^D$ 是省内产品的出口所诱发的总产出；

$X^{OF} = (I - A^D)^{-1}OF^D$ 是省内产品的省外需求形成的总产出。

进一步，定义增加值率 $r_j$：

$$
r_j = \frac{v_j}{x_j} \tag{5-6}
$$

于是，对于增加值率行向量 $R = (r_1, r_2, \cdots, r_n)$ 而言，地区 GDP 可以表示为：

$$
GDP = \sum_{j=1}^{n} v_j = (r_1, r_2, \cdots, r_n)\begin{pmatrix} x_1 \\ x_2 \\ \vdots \\ x_n \end{pmatrix} = RX \tag{5-7}
$$

进一步地，由服务贸易出口产生的地区生产总值 $GDP^{SEX}$ 即为：

$$
GDP^{SEX} = RX^{SEX} = R(I - A^D)^{-1}EX^{SD} \tag{5-8}
$$

式（5-8）中 $X^{SEX}$ 是由服务贸易出口产生的产出；$EX^{SD}$ 是服务部门国内产品出口列向量，即在出口产品列向量 $EX^D$ 中定义货物部门出口为零的特殊情况。

以服务贸易出口产生的地区生产总值 $GDP^{SEX}$ 为基础，就可以从不同角度来测算服务贸易出口对于地区 GDP 的贡献。

**1. 服务贸易出口地区 GDP 贡献率（$\alpha^{SEX}$）**

由于服务贸易出口产生的地区增加值占地区 GDP 的比重可

以衡量服务贸易出口之于增加值的贡献程度。于是，定义服务贸易出口的 GDP 贡献率 $\alpha^{SEX}$ 为：

$$\alpha^{SEX} = \frac{GDP^{SEX}}{GDP} \tag{5-9}$$

**2. 服务贸易出口地区 GDP 贡献系数（$\beta^{SEX}$）**

为了考察单位服务贸易出口所产生的地区 GDP，即衡量服务贸易出口 GDP 贡献的效益，可以进一步地定义服务贸易出口地区 GDP 贡献系数 $\beta^{SEX}$ 为：

$$\beta^{SEX} = \frac{GDP^{SEX}}{I' \times EX^{SD}} = \frac{GDP^{SEX}/GDP}{I' \times EX^{SD}/GDP} = \frac{\alpha^{SEX}}{I' \times EX^{SD}/GDP} \tag{5-10}$$

其中，$I' = (1,1,\cdots,1)$。

## （二）部门服务贸易出口的地区 GDP 贡献测度

如表 5－4 所示，浙江省服务分行业的出口规模差异明显，为了对服务业各部门的出口贸易地区 GDP 贡献进行定量测算和对比分析，需要进一步探讨部门服务贸易出口对地区 GDP 贡献的测算方法。

若把式（5－8）服务贸易出口产生的地区生产总值表达式中的服务部门国内产品出口列向量 $EX^{SD}$ 写成对角矩阵的形式，即 $\widehat{EX}^{SD} = diag(ex_1, ex_2, \cdots, ex_n)$，那么部门服务出口产生的地区生产总值 $V^{SEX}$ 就可以表示为：

$$V^{SEX} = R(I - A^D)^{-1}\widehat{EX}^{SD}$$

$$= (r_1 \quad \cdots \quad r_n)\begin{pmatrix} b_{11} & b_{12} & \cdots & b_{1n} \\ b_{21} & b_{21} & \cdots & b_{2n} \\ \vdots & \vdots & \ddots & \vdots \\ b_{n1} & b_{n2} & \cdots & b_{nn} \end{pmatrix}\begin{pmatrix} ex_1 & 0 & \cdots & 0 \\ 0 & ex_2 & \cdots & 0 \\ \vdots & \vdots & \ddots & \vdots \\ 0 & 0 & \cdots & ex_n \end{pmatrix}$$

$$= (r_1b_{11}+\cdots+r_nb_{n1},\ \cdots,\ r_1b_{1n}+\cdots+r_nb_{nn})\begin{pmatrix} ex_1 & 0 & \cdots & 0 \\ 0 & ex_2 & \cdots & 0 \\ \vdots & \vdots & \ddots & \vdots \\ 0 & 0 & \cdots & ex_n \end{pmatrix}$$

$$= [(r_1b_{11}+\cdots+r_nb_{n1})ex_1,\quad \cdots,\quad (r_1b_{1n}+\cdots+r_nb_{nn})ex_n] \tag{5-11}$$

式（5－11）中 $b_{ij}$ 是列昂惕夫逆矩阵 $(I-A^D)^{-1}$ 中的元素。不难发现，向量 $V^{SEX}$ 的第 $i$ 个分量 $(r_1b_{1i}+\cdots+r_ib_{ii}+\cdots+r_nb_{ni})ex_i$ 度量了第 $i$ 个服务部门的出口量 $ex_i$ 所产生的所有部门增加值总和，它由直接产出（$r_ib_{ii}ex_i$）和间接产出（$\sum\limits_{j=1,j\neq i}^{n} r_jb_{ji}ex_i$）两部分构成。其中，前者为第 $i$ 个服务部门的出口为本部门带来的增加值；后者则是通过中间联系间接为其他部门带来的增加值。

基于各部门服务贸易出口产生的地区生产总值 $V^{SEX}$，同样可以从贡献率和贡献系数角度来度量部门服务贸易出口对于地区 GDP 的贡献。

**1. 部门服务贸易出口 GDP 贡献率（$\alpha_1^{SEX}$，$\alpha_2^{SEX}$，…，$\alpha_n^{SEX}$）**

由于各部门服务贸易出口产生的增加值为 $V^{SEX}=RX^{SEX}=R(I-A^D)^{-1}\widehat{EX}^{SD}$，于是，服务部门 $j$ 出口对 GDP 的贡献率 $\alpha_j^{SEX}$ 即为列向量 $\dfrac{V^{SEX}}{GDP}$ 的第 $j$ 行元素，也就是部门服务贸易出口的 GDP 的贡献率向量为：

$$(\alpha_1^{SEX},\alpha_2^{SEX},\cdots,\alpha_n^{SEX}) = \frac{V^{SEX}}{GDP} \tag{5-12}$$

不难发现，服务贸易出口总量对地区 GDP 形成的贡献是各部门服务贸易出口对地区 GDP 的贡献之和，即 $\alpha^{SEX}=\sum\limits_{j=1}^{n}\alpha_j^{SEX}$。

**2. 部门服务贸易出口 GDP 贡献系数（$\boldsymbol{\beta}_1^{SEX}$，$\boldsymbol{\beta}_2^{SEX}$，…，$\boldsymbol{\beta}_n^{SEX}$）**

由于部门服务出口比例向量为 $EX^{SD}/\mathrm{sum}(EX^{SD})$，于是服务贸易出口贡献系数 $\beta^{SEX}$ 就可以写成各部门服务贸易出口贡献系数的加权平均，即：

$$\beta^{SEX} = (\beta_1^{SEX}, \beta_2^{SEX}, \cdots, \beta_n^{SEX}) \frac{EX^{SD}}{\mathrm{sum}(EX^{SD})} \qquad (5-13)$$

如式（5－13）所示，服务贸易出口贡献系数的大小受到两个因素的影响：一是部门服务贸易出口贡献系数；二是部门服务贸易出口的结构。理论上，两者排序一致，服务贸易出口对地区生产总值的贡献就会越大，反之亦然。据此，可以分析服务部门出口结构的合理性。

## 三、服务贸易进口对地区 GDP 贡献的测度方法

基于地区非竞争型投入产出表，可以从供给角度来考察服务贸易进口以及部门服务贸易进口对于地区 GDP 贡献的测度方法。

### （一）服务贸易进口的地区 GDP 贡献测度

表 3－6 所示非竞争型地区投入产出表中，元素之间的纵向关系如下：

$$x_j = \sum_{i=1}^{n} s_{ij}^{d} x_i + \sum_{i=1}^{n} s_{ij}^{f} if_i + \sum_{i=1}^{n} s_{ij}^{m} im_i + v_j \qquad (5-14)$$

写成矩阵形式即为：

$$X = (S^D)^T X + (S^F)^T IF + (S^M)^T IM + V \qquad (5-15)$$

其中，$T$ 表示矩阵的转置。

整理可得：

$$X = [I - (S^D)^T]^{-1}(S^F)^T IF + [I - (S^D)^T]^{-1}(S^M)^T IM +$$

$$
\begin{aligned}
&[I-(S^D)^T]^{-1}V \\
&= X^{IF} + X^{IM} + X^D
\end{aligned}
\qquad (5-16)
$$

式（5－16）从供给的角度反映了总投入（等于总产出）$X$ 的构成，其中：

$X^{IF}=[I-(S^D)^T]^{-1}(S^F)^T IF$ 表示省外产品投入；

$X^{IM}=[I-(S^D)^T]^{-1}(S^M)^T IM$ 表示进口产品投入；

$X^D=[I-(S^D)^T]^{-1}V$ 表示省内产品投入。

与服务贸易出口地区 GDP 贡献的分析方法类似，当增加值率为向量 $R$ 时，由服务贸易进口产生的地区生产总值 $GDP^{SIM}$ 可以表示为：

$$
GDP^{SIM} = RX^{SIM} = R[I-(S^D)^T]^{-1}(S^M)^T IM^S \qquad (5-17)
$$

其中，$X^{SIM}$ 是由服务贸易进口产生的总投入；$IM^S$ 为服务部门进口列向量，是进口产品列向量中货物部门进口为零的特殊情况。

同样可以基于服务贸易进口产生的地区生产总值 $GDP^{SIM}$，从不同角度测算服务贸易进口对于地区 GDP 的贡献。

**1. 服务贸易进口 GDP 贡献率（$\alpha^{SIM}$）**

用服务贸易进口产生的地区增加值占地区 GDP 的比重可以衡量服务贸易进口之于增加值的贡献程度。于是，定义服务贸易进口的 GDP 贡献率 $\alpha^{SIM}$ 为：

$$
\alpha^{SIM} = \frac{GDP^{SIM}}{GDP} \qquad (5-18)
$$

**2. 服务贸易进口 GDP 贡献系数（$\beta^{SIM}$）**

为了考察单位服务贸易进口所产生的 GDP，也可以定义服务贸易进口 GDP 贡献系数 $\beta^{SIM}$ 为：

$$\beta^{SIM} = \frac{GDP^{SIM}}{I' \times IM^S} = \frac{GDP^{SIM}/GDP}{I' \times IM^S/GDP} = \frac{\alpha^{SIM}}{I' \times IM^S/GDP} \tag{5-19}$$

其中，$I' = (1,1,\cdots,1)$。

## （二）部门服务贸易进口的地区 GDP 贡献测度

如表 5－5 所示，浙江省服务分行业的进口规模差异也非常明显，为了对服务业各部门的进口贸易地区 GDP 贡献进行定量测算和对比分析，需要进一步讨论部门服务贸易进口对地区 GDP 贡献的测算方法。

若把式（5－17）所示的服务贸易进口产生的地区生产总值表达式中的服务部门进口列向量 $IM^S$ 写成对角矩阵的形式，即 $\widehat{IM}^S = diag(im_1, im_2, \cdots, im_n)$，那么部门服务贸易进口产生的地区生产总值 $V^{SIM}$ 就可以表示为：

$$\begin{aligned}
V^{SIM} &= R[I-(S^D)^T]^{-1}(S^M)^T\,\widehat{IM}^S \\
&= (r_1 \quad \cdots \quad r_n)\begin{pmatrix} c_{11} & c_{12} & \cdots & c_{1n} \\ c_{21} & c_{21} & \cdots & c_{2n} \\ \vdots & \vdots & \ddots & \vdots \\ c_{n1} & c_{n2} & \cdots & c_{nn} \end{pmatrix}\begin{pmatrix} im_1 & 0 & \cdots & 0 \\ 0 & im_2 & \cdots & 0 \\ \vdots & \vdots & \ddots & \vdots \\ 0 & 0 & \cdots & im_n \end{pmatrix} \\
&= (r_1c_{11}+\cdots+r_nc_{n1},\ \cdots,\ r_1c_{1n}+\cdots+r_nc_{nn})\begin{pmatrix} im_1 & 0 & \cdots & 0 \\ 0 & im_2 & \cdots & 0 \\ \vdots & \vdots & \ddots & \vdots \\ 0 & 0 & \cdots & im_n \end{pmatrix} \\
&= [(r_1c_{11}+\cdots+r_nc_{n1})im_1,\quad \cdots,\quad (r_1c_{1n}+\cdots+r_nc_{nn})im_n]
\end{aligned} \tag{5-20}$$

式（5－20）中 $c_{ij}$ 是矩阵 $[I-(S^D)^T]^{-1}(S^M)^T$ 的元素。显然

向量 $V^{SIM}$ 的第 $i$ 个分量 $(r_1c_{1i}+\cdots+r_ic_{ii}+\cdots+r_nc_{ni})im_i$ 度量了第 $i$ 个服务部门的进口投入 $im_i$ 所产生的各部门增加值总和，它由直接增加值（$r_ic_{ii}im_i$）和间接增加值（$\sum_{j=1,j\neq i}^{n} r_jc_{ji}im_i$）两部分构成。其中，前者为第 $i$ 个服务部门的进口量 $im_i$ 为本部门带来的直接投入增量所产生的增加值，后者则是通过各部门的中间联系而间接为其他部门带来的投入增量所产生的增加值。

基于各部门服务贸易进口产生的地区生产总值 $V^{SIM}$，同样可以考察部门服务贸易进口对于地区 GDP 的贡献率和贡献系数。

**1. 部门服务贸易进口 GDP 贡献率（$\alpha_1^{SIM}$，$\alpha_2^{SIM}$，…，$\alpha_n^{SIM}$）**

由于各部门服务贸易进口产生的增加值为 $V^{SIM}=R[I-(S^D)^T]^{-1}(S^M)^T\widehat{IM}^S$，于是，服务部门 $j$ 进口对 GDP 的贡献率 $\alpha_j^{SIM}$ 即为列向量 $\frac{V^{SIM}}{GDP}$ 的第 $j$ 行元素，也就是部门服务贸易进口 GDP 的贡献率向量为：

$$(\alpha_1^{SIM},\alpha_2^{SIM},\cdots,\alpha_n^{SIM})=\frac{V^{SIM}}{GDP} \tag{5-21}$$

不难发现，服务贸易进口总量对地区 GDP 形成的贡献同样是各部门服务贸易进口对地区 GDP 的贡献之和，即 $\alpha^{SIM}=\sum_{j=1}^{n}\alpha_j^{SIM}$。

**2. 部门服务贸易进口 GDP 贡献系数（$\beta_1^{SIM}$，$\beta_2^{SIM}$，…，$\beta_n^{SIM}$）**

由于部门服务贸易进口比例向量为 $IM^S/\mathrm{sum}(IM^S)$，于是服务贸易进口贡献系数 $\beta^{SIM}$ 可以写成各部门服务贸易进口贡献系数的加权平均，即：

$$\beta^{SIM}=(\beta_1^{SIM},\beta_2^{SIM},\cdots,\beta_n^{SIM})\frac{IM^S}{\mathrm{sum}(IM^S)} \tag{5-22}$$

式（5－22）中服务贸易进口贡献系数的大小也受到两个因

素的影响：一是部门服务贸易进口贡献系数；二是部门服务贸易进口的结构。两者排序越一致，服务贸易进口对地区生产总值的贡献就会越大，反之亦然。据此，同样可以分析部门服务贸易进口结构的合理性。

## 第四节　服务贸易对浙江省 GDP 贡献的测度实践

基于浙江省地区非竞争型投入产出表的相关数据，采用服务贸易对地区 GDP 贡献的测度方法，本节开展（部门）服务贸易对浙江省地区 GDP 贡献的测算实践工作。

### 一、数据来源与部门分类

为了定量测度近年来服务贸易进口和服务贸易出口对浙江省地区生产总值的贡献，并比较服务贸易贡献的动态变化，我们分别以浙江省统计局发布的 2002 年、2005 年、2007 年、2010 年、2012 年以及 2015 年的投入产出表（其中 2002 年、2007 年和 2012 年为投入产出基本表，2005 年、2010 年、2015 年为投入产出延长表）为基础数据①，来编制对应年份的浙江省非竞争型投入产出表，并据此进行实际测算。

此外，为了利用投入产出数据进行服务贸易地区 GDP 贡献的定量测度，本章对服务贸易的部门的分类是以 2012 年浙江省投入产出表的 42 个部门分类为基础，按照常用的服务部门归类法，将其中的交通运输、仓储和邮政，信息传输、软件和信息技术服务，批发和贸易零售业，住宿和餐饮业，金融业，房地产业，租赁和商务服务业，科学研究和技术服务，水利、环境和公

① 浙江省各年度投入—产出数据由浙江省统计局提供。

共设施管理，其他社会服务业，社会组织等 14 个部门归为服务贸易部门。

## 二、服务贸易出口 GDP 贡献的测算结果与分析

以下分别从浙江省服务贸易出口总量的 GDP 贡献和部门服务贸易出口的 GDP 贡献来概述和分析服务贸易出口之于浙江省 GDP 的贡献。

### （一）服务贸易出口 GDP 贡献的测度结果

依据第三章编制的浙江省 2002 年、2005 年、2007 年、2010 年、2012 年以及 2015 年的非竞争型投入产出表数据，利用公式（5－8）～公式（5－10）来定量测度服务贸易出口对浙江省 GDP 的贡献，具体结果如表 5－8 所示。

表 5－8 是基于浙江省非竞争型投入产出表测度的服务贸易出口对浙江省 GDP 的贡献，也就是对一般投入产出表进行了产品拆分处理后的测度，它能够纯粹地反映浙江省内服务产品出口对于 GDP 的贡献。

如表 5－8 所示，2002～2015 年，浙江省服务贸易出口总额增长迅速，由 2002 年的仅 6.8 亿美元增至 2015 年的 284.58 亿美元，年均增量高达 21.37 亿美元。与此同时，服务贸易出口额在出口总额中的占比也从 2002 年的不足 1% 增至 2015 年的 4.13%。值得注意的是，相比而言，货物贸易出口无论在总额还是占比上均优势明显。

服务贸易出口产生的 GDP 在 2002～2015 期间也快速增长，由 2002 年的 24.41 亿美元增至 2015 年的 341.51 亿美元，年均增量高达 24.39 亿美元。以下将从贡献率和贡献系数的测算结果与变化过程来重点分析服务贸易出口对浙江省 GDP 的贡献。

表 5-8 浙江省各年度服务贸易出口 GDP 贡献的测度结果

| 指标 | 2002 年 | 2005 年 | 2007 年 | 2010 年 | 2012 年 | 2015 年 |
|---|---|---|---|---|---|---|
| 出口总额（亿美元） | 300.91 | 810.72 | 1345.65 | 1925.31 | 2418.66 | 3047.90 |
| 其中：服务出口总额（亿美元） | 6.80 | 42.70 | 63.01 | 120.66 | 173.49 | 284.58 |
| 货物出口总额（亿美元） | 294.11 | 768.02 | 1282.64 | 1804.65 | 2245.17 | 2763.32 |
| 地区 GDP（亿美元） | 941.90 | 1639.78 | 2468.80 | 4094.62 | 5491.64 | 6886.96 |
| 出口占 GDP 的比重（%） | 31.95 | 49.44 | 54.51 | 47.02 | 44.04 | 44.26 |
| 其中：服务贸易出口占 GDP 的比重（%） | 0.72 | 2.60 | 2.55 | 2.95 | 3.16 | 4.13 |
| 货物贸易出口占 GDP 的比重（%） | 31.23 | 46.84 | 51.96 | 44.07 | 40.88 | 40.13 |
| 出口产生的 GDP（亿美元） | 164.46 | 362.27 | 592.06 | 824.87 | 1226.09 | 1666.27 |
| 其中：服务贸易出口产生的 GDP（亿美元） | 24.41 | 50.38 | 53.08 | 87.37 | 231.97 | 341.51 |
| 货物贸易出口产生的 GDP（亿美元） | 140.05 | 311.89 | 538.98 | 737.50 | 994.12 | 1324.76 |
| 出口 GDP 贡献率（%） | 17.46 | 22.09 | 23.98 | 20.15 | 22.33 | 24.19 |
| 服务贸易出口 GDP 贡献率（%） | 2.59 | 3.07 | 2.15 | 2.13 | 4.22 | 4.96 |
| 货物贸易出口 GDP 贡献率（%） | 14.87 | 19.02 | 21.83 | 18.01 | 18.10 | 19.24 |
| 出口 GDP 贡献系数 | 0.6403 | 0.6040 | 0.5749 | 0.5794 | 0.6166 | 0.6757 |
| 其中：服务贸易出口 GDP 贡献系数 | 0.8718 | 0.8316 | 0.8095 | 0.7742 | 0.8375 | 0.8785 |
| 货物贸易出口 GDP 贡献系数 | 0.6120 | 0.5784 | 0.5589 | 0.5626 | 0.5808 | 0.6377 |

资料来源：根据本书编制的各年度浙江省非竞争型投入产出表计算整理。

**1. 服务贸易出口 GDP 贡献率的测算结果**

为了更加直观地反映出口、货物出口以及服务出口之于浙江省 GDP 的贡献，并对比三者贡献率差异，我们根据表 5－8 的测度结果，绘制图 5－8。

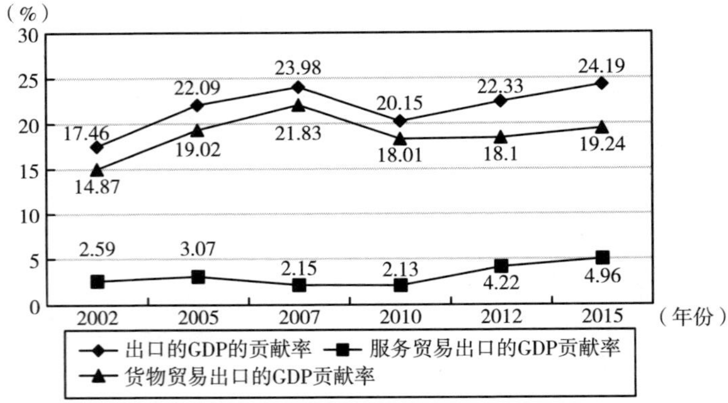


**图 5－8　2002～2015 年浙江省出口、货物贸易出口及服务贸易出口的 GDP 贡献率**

资料来源：根据表 5－8 相关数据绘制。

从出口的 GDP 贡献率来看，2002 年出口对浙江省生产总值的贡献率为 17.46%，2005 年和 2007 年出口 GDP 贡献率一直保持持续上涨的态势，分别增至 22.09% 和 23.98%。此后出口对 GDP 贡献呈现出下降的态势，在 2010 年贡献率降至 20.15%，但仍然高于 2002 年的贡献率水平，贡献率的下降可能与 2007 年亚洲金融危机对贸易冲击有关。随后，出口的 GDP 贡献率开始持续回升，并于 2015 年达到了 24.19%，为历年最高水平。2015 年出口的 GDP 贡献率接近 25%，说明由出口拉动产生的 GDP 占到全省 GDP 总值的 1/4 左右，出口对于浙江省经济的拉动作用十分明显。

作为浙江省出口贸易的重要组成部分，浙江省的货物贸易出口 GDP 贡献率经历了一个与出口贸易 GDP 贡献率几乎一致的，由持续上涨到短暂下降然后稳步上涨的动态变化发展过程。2002 年货物贸易出口对浙江省 GDP 的贡献率为 14.87%，在 2005 年和 2007 年分别增至 19.02% 和 21.83%，受到亚洲金融危机的影响，货物贸易出口的 GDP 贡献率在 2010 年降至 18.01%，但随后一直保持持续上涨的态势，2015 年增至 19.24%，占到同年出口 GDP 贡献率（24.19%）的近 80%，这说明货物贸易出口仍然是浙江省出口 GDP 贡献的主力军。

与出口 GDP 贡献率和货物贸易出口 GDP 贡献率变化过程不同的是，服务贸易对于浙江省 GDP 的贡献在近年来一直维持在较低的水平，均不超过 5%，且经历的是由小幅上涨（2002 ~ 2005 年）到持续下降（2005 ~ 2010 年）再到持续快速上涨（2010 ~ 2015 年）的动态变化发展过程。

结合图 5 - 8 所示的浙江省出口 GDP 贡献率、货物贸易出口 GDP 贡献率以及服务贸易出口 GDP 贡献率折线图，不难发现：

一方面，从折线图位置来看，出口 GDP 贡献率和货物贸易出口 GDP 贡献率折线图非常靠近，且两者远远高于服务贸易出口 GDP 贡献率折线，说明货物贸易出口一直以来都是拉动浙江省经济发展的主要动力。

另一方面，从折线图的波动来看，出口 GDP 贡献率折线和货物贸易出口 GDP 贡献率折线波动趋势基本保持一致，且变化幅度不如服务贸易出口 GDP 贡献率折线大，特别是 2010 ~ 2015 年，服务贸易出口 GDP 贡献率由 2.13% 增至 4.96%，贡献率几乎翻倍。进一步，计算三者的年均贡献率增速，结果分别为 2.54%、2.00% 和 5.13%，显然出口对浙江省经济发展起到了积极推动作用。而且，服务贸易出口的年均贡献率增速远大于货物贸易出口的年均贡献率增速，这说明浙江省服务贸易出口在经济发展中的地位开始凸显，服务贸易出口成为浙江省经济增长中不可或缺的一部分。但由于浙江省服务贸易发展起步较晚，服务贸易出口整体对浙江省 GDP 的贡献率仍相对较低。

**2. 服务贸易出口 GDP 贡献系数的测算结果**

图 5 – 9 展示了 2002 ~ 2015 年浙江省出口 GDP 贡献系数、货物贸易出口 GDP 贡献系数以及服务贸易出口 GDP 贡献系数的测算结果与变化发展趋势。

如图 5 – 9 所示，2012 ~ 2015 年浙江省出口 GDP 贡献系数、货物贸易出口 GDP 贡献系数以及服务贸易出口 GDP 贡献系数的折线图均呈现先下降后上升的“U”型变化发展过程。

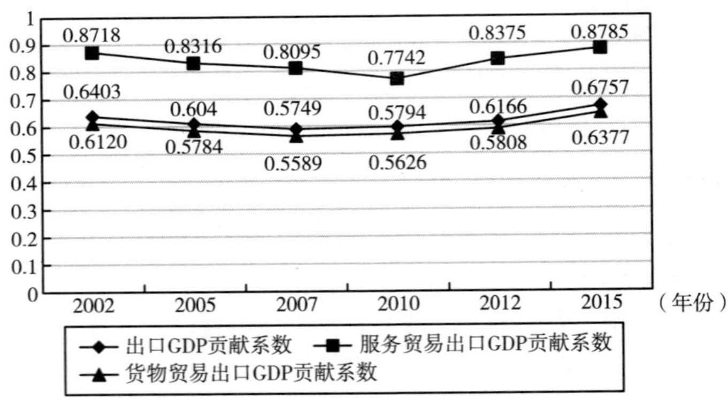


**图 5 – 9　2002 ~ 2015 年浙江省出口、货物贸易出口及服务贸易出口的 GDP 贡献系数**

资料来源：根据表 5 – 8 相关数据绘制。

货物贸易出口 GDP 贡献系数和出口 GDP 贡献系数的变动几乎保持同样的步调。2002 年贡献系数分别为 0.6120 和 0.6403，随后逐步下降，并在 2007 年分别降至低点的 0.5589 和 0.5749，此后逐步回升，至 2015 年分别增至 0.6377 和 0.6757。

与此同时，服务贸易出口 GDP 贡献系数也经历了大致相同的"U"型变化过程。2002 年的贡献系数为 0.8718，此后的 2005 年、2007 年逐步下降，并在 2010 年降至历年最低点 0.7742，此后开始快速上升，于 2015 年增至 0.8785，并超过 2002 年的贡献系数。

此外，对比图 5 - 9 中的三条折线图，不难发现：

一方面，从折线图位置来看，出口 GDP 贡献系数折线和货物贸易出口 GDP 贡献系数折线非常靠近，但两者远远低于服务贸易出口 GDP 贡献系数折线，说明历年来货物贸易单位出口带来的增加值远不如服务贸易出口所带来的增加值，浙江省服务贸易出口 GDP 贡献效益明显优于货物贸易出口。

另一方面，从折线图的波动幅度来看，出口 GDP 贡献系数折线和货物贸易出口 GDP 贡献系数折线波动趋势保持一致，且变化幅度不如服务贸易出口 GDP 贡献系数折线，特别在 2010 ~ 2015 年，服务贸易出口 GDP 贡献系数折线的上升幅度明显高于货物贸易出口 GDP 贡献系数折线。由此可见，服务贸易出口对 GDP 的贡献潜力不容忽视。

## （二）部门服务贸易出口 GDP 贡献的测度结果

为了理清 2002 ~ 2015 年浙江省各服务部门出口贸易的 GDP 贡献以及贡献的部门差异，结合浙江省 2002 年、2005 年、2007 年、2010 年、2012 年以及 2015 年的非竞争型投入产出表，利用公式（5 - 11）~ 公式（5.13），计算浙江省各服务贸易部门出口对 GDP 的贡献。

以下按照部门服务贸易出口的 GDP 贡献率和部门服务贸易出口的 GDP 贡献系数来分别阐释测度结果。

### 1. 部门服务贸易出口 GDP 贡献率的测度结果

表 5 - 9 列出了各年度 14 个服务部门出口贸易的 GDP 贡献率。

**表 5-9　浙江省各年度服务贸易部门出口 GDP 贡献率**　单位：%

| 部门 | 2002 年 | 2005 年 | 2007 年 | 2010 年 | 2012 年 | 2015 年 |
|---|---|---|---|---|---|---|
| 批发和零售 | 1.84 | 2.39 | 1.25 | 0.35 | 2.45 | 3.07 |
| 交通运输、仓储和邮政 | 0.39 | 0.41 | 0.56 | 0.32 | 0.55 | 0.47 |
| 住宿和餐饮 | 0.14 | 0.12 | 0.13 | 0.77 | 0.00 | 0.00 |
| 信息传输、软件和信息技术服务 | 0.04 | 0.03 | 0.03 | 0.13 | 0.55 | 0.66 |
| 金融 | 0.01 | 0.01 | 0.00 | 0.00 | 0.00 | 0.00 |
| 房地产 | 0.00 | 0.00 | 0.00 | 0.00 | 0.00 | 0.00 |
| 租赁和商务服务 | 0.00 | 0.00 | 0.05 | 0.20 | 0.61 | 0.66 |
| 科学研究和技术服务 | 0.00 | 0.00 | 0.00 | 0.00 | 0.00 | 0.00 |
| 水利、环境和公共设施管理 | 0.00 | 0.00 | 0.02 | 0.11 | 0.00 | 0.00 |
| 居民服务、修理和其他服务 | 0.05 | 0.06 | 0.02 | 0.08 | 0.00 | 0.00 |
| 教育 | 0.01 | 0.00 | 0.09 | 0.02 | 0.03 | 0.06 |
| 卫生和社会工作 | 0.00 | 0.00 | 0.00 | 0.00 | 0.02 | 0.00 |
| 文化、体育和娱乐 | 0.02 | 0.02 | 0.03 | 0.13 | 0.01 | 0.02 |
| 公共管理、社会保障和社会组织 | 0.00 | 0.00 | 0.00 | 0.00 | 0.00 | 0.00 |
| 合计 | 2.59 | 3.08 | 2.15 | 2.13 | 4.22 | 4.96 |

资料来源：根据本书编制的各年度浙江省非竞争型投入产出表计算整理。

（1）不同年度服务贸易出口 GDP 贡献的部门特征。

2002 年服务贸易出口的 GDP 贡献率是 2.59%，也就是各服务部门出口贸易的 GDP 贡献率累积和为 2.59%。GDP 贡献率位列前五的服务部门依次是批发和零售（1.84%）[①]，交通运输、仓储和邮政（0.39%），住宿和餐饮（0.14%），信息传输、软件和信息技术服务（0.04%），文化、体育和娱乐（0.02%）。紧随其后的是金融和教育部门，它们的服务出口 GDP 贡献率均仅为 0.01%。其余部门的出口 GDP 贡献率非常低，甚至为零[②]。显然，批发和零售，交通运输、仓储和邮政，住宿和餐饮三个传统的服务部门贡献率优势明显，三个部门的累积 GDP 贡献率为 2.37%，占到所有部门服务贸易出口 GDP 累积贡献率的 91.51%。

2005 年服务贸易出口的 GDP 贡献率为 3.08%，GDP 贡献率位列前五的服务部门分别是批发和零售（2.39%），交通运输、仓储和邮政（0.41%），住宿和餐饮（0.12%），居民服务、修理和其他服务（0.06%），信息传输、软件和信息技术服务（0.03%），而文化、体育和娱乐（0.02%），金融（0.01%）两个部门则位列其后。与 2002 年相似的是，批发和零售，交通运输、仓储和邮政，住宿和餐饮三大传统服务部门的贡献率依然位列前三名，且三个部门的累积贡献率（2.92%）在所有部门累积贡献率（3.08%）中的占比高达 94.81%。

2007 年服务贸易出口的 GDP 贡献率是 2.15%，GDP 贡献率位列前五的服务部门依次是批发和零售（1.25%），交通运输、仓储和邮政（0.56%），住宿和餐饮（0.13%），教育（0.09%），租赁和商务服务（0.05%）。而信息传输、软件和信息技术服务（0.03%），文化、体育和娱乐（0.03%），水利、环境和公共设施管理（0.02%），居民服务、修理和其他服务（0.02%）等部门位列其后。三大传统服务部门的贡献率排名仍

① 括号里的数值为部门出口贸易的 GDP 贡献率，下同。

② 考虑到小数点后的数据位数，这里主要指有 0.01% 及以上的贡献度。

然占据前三，且三部门贡献率（1.94%）占比依然高达 90.23%。值得注意的是，教育，租赁和商务服务等新兴服务开始出现在贡献率前五之列，而且信息传输、软件和信息技术服务、文化、体育和娱乐等部门的贡献率也依然维持 2002 年和 2005 年的水平。

2010 年服务贸易出口的 GDP 贡献率是 2.13%，GDP 贡献率位于前五的服务部门依次是住宿和餐饮（0.77%），批发和零售（0.35%），交通运输、仓储和邮政（0.32%），租赁和商务服务（0.20%），信息传输、软件和信息技术服务（0.13%），文化、体育和娱乐（0.13%）。其后依次是水利、环境和公共设施管理教育（0.11%），居民服务、修理和其他服务（0.08%），教育（0.02%）。三大传统服务部门出口的 GDP 贡献率排名依然靠前，但是三部门的贡献率（1.44%）却大幅下降，在服务贸易出口 GDP 贡献率中的占比也跌至 67.61%。与此同时，租赁和商务服务，信息传输、软件和信息技术服务等部门贡献率排名不但升至前列，贡献率也有了大幅提升，均超过了 0.1%。

2012 年服务贸易出口的 GDP 贡献率大幅上涨至 4.22%，部门出口的 GDP 贡献率也发生了很大的变化，贡献率排名前五的部门依次是批发和零售（2.45%），租赁和商务服务（0.61%），交通运输、仓储和邮政（0.55%），信息传输、软件和信息技术服务（0.55%），教育（0.03%）。三大传统服务部门中，住宿和餐饮部门贡献率排名已经跌出前五。由于批发和零售部门的贡献率大幅提升，三大传统服务部门的累积贡献率大幅提升至 3%，在服务贸易出口 GDP 贡献率中的占比升至 71.09%。需要特别关注的是，租赁、商务服务和信息传输、软件和信息技术服务保持贡献率持续大幅上涨的态势，两部门纷纷挤进贡献率排名前列，分别位居第二位和第四位。

2015 年服务贸易出口的 GDP 贡献率继续增至 4.96%，GDP 贡献率位于前五的服务部门分别是批发和零售（3.07%），租赁和商务服务（0.66%），信息传输、软件和信息技术服务（0.66%），交通运输、仓储和邮政（0.47%），教育（0.06%）。与 2012 年相比，2015 年贡献率位于前列的部门基本保持不变，且传统服务部门的贸易出口 GDP 累积贡献率为 3.54%，在服务贸易出口 GDP 贡献率中的占比为 71.37%。

（2）不同服务部门服务贸易出口 GDP 贡献的变化特征。

批发和零售，交通运输、仓储和邮政，住宿和餐饮三大传统服务部门的贸易出口 GDP 贡献能够解释绝大部分的服务贸易出口 GDP 贡献。通过对不同年度服务贸易出口 GDP 贡献的部门特征分析可知，三大传统部门的出口 GDP 贡献率之和占所有部门出口 GDP 贡献累积和的比重除了 2010 年为 67.61% 之外，其他年份都保持在 70% 以上，2005 年甚至高达 94.81%。但是需要注意的是，该占比整体呈下降的趋势。

图 5－10 也直观地反映了三大传统部门服务贸易出口 GDP 贡献的这种动态变化过程。批发和零售，交通运输、仓储和邮政

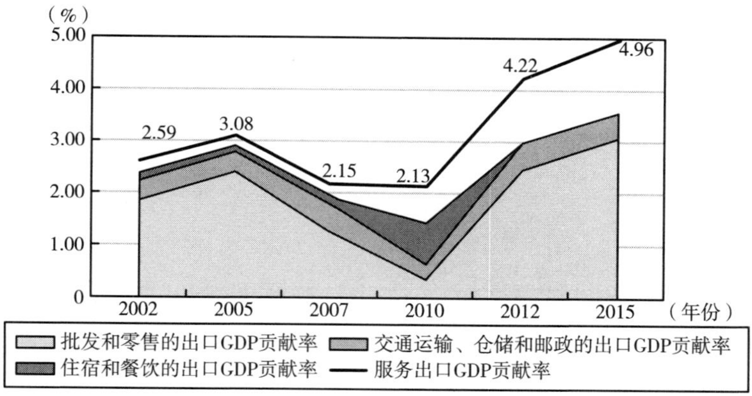


**图 5－10　2002～2015 年浙江省三大传统服务部门出口 GDP 贡献率**

资料来源：根据表 5－9 相关数据绘制。

以及住宿和餐饮出口 GDP 贡献率的累积面积与服务出口 GDP 贡献率折线的差距随着时间的推移呈现出不断扩大的态势。

信息传输、软件和信息技术服务与租赁和商务服务两个部门的出口 GDP 贡献近年迅速上升。如图 5－11 所示，信息传输、软件和信息技术服务部门的出口 GDP 贡献率在 2002 年、2005 年和 2007 年一直维持在 0.03%～0.04%，2010 年越过 0.1%，上升至 0.13%，2012 年飙升至 0.55%，2015 年更是突破 0.6%，达到了 0.66%，超过传统的交通运输、仓储和邮政的出口 GDP

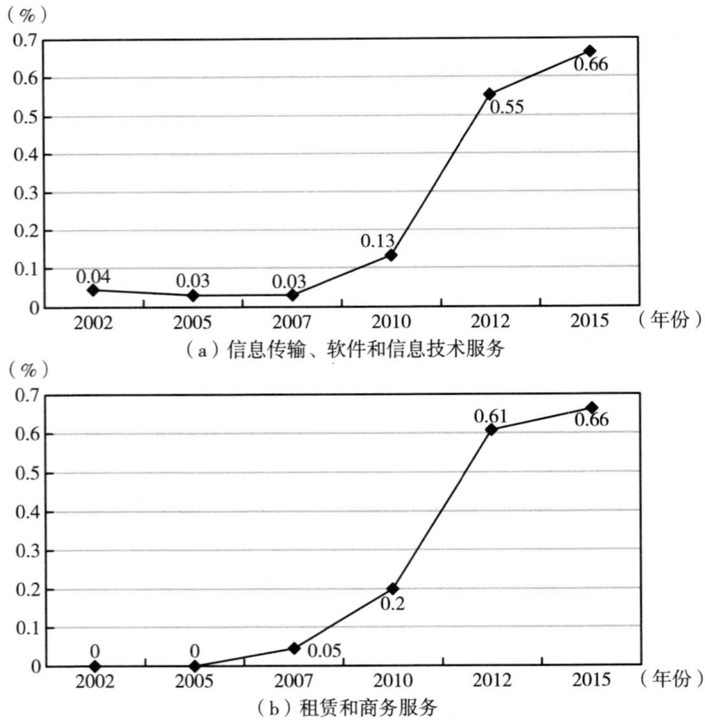


**图 5－11　2002～2015 年信息、软件和信息技术服务，租赁和商务服务出口 GDP 贡献率**

资料来源：根据表 5－9 相关数据绘制。

贡献率，位列当年所有部门出口 GDP 贡献率之二。与此同时，租赁和商务服务部门的出口 GDP 贡献率也持续快速增长，从 2002 年的 0.00% 上升至 2015 年的 0.66%，与信息传输、软件和信息技术服务部门的出口 GDP 贡献率并列部门出口 GDP 贡献率排行榜第二。这说明浙江省服务贸易出口对于 GDP 的贡献已经处于由传统服务贸易部门转向租赁和商务服务、信息传输和信息技术服务等新兴服务贸易部门过渡阶段。

教育和文化体育及娱乐两个部门历年的出口 GDP 贡献率水平大致相当（大多不超过 0.1%），而且都经历了“小幅下降→大幅上升→大幅下降→逐步上升”的动态变化过程。如图 5－12 所示，文化、体育和娱乐服务出口在 2002 年和 2005 年维持在 0.02% 的水平，2007 年微升至 0.03%，此后大幅上涨，2010 年首次超过 0.1% 大关，达到了 0.13%，之后就大幅下降，并于 2012 年跌至谷底的 0.01%，之后开始逐步上升，2015 年回到 2002 年的水平值。与此同时，教育部门的出口 GDP 贡献率也是在经历小幅下降后，大幅上升至 2007 年的 0.09%，此后跌落到 2010 年的 0.02%，之后呈现稳步上升的态势，并于 2012 年和 2015 年分别增至 0.03% 和 0.06%。文教体娱（教育和文化体育及娱乐）出口 GDP 贡献率水平相对稳定，仅次于信息传输、软件和信息技术服务与租赁和商务服务等新兴服务部门，且贡献率日趋上升。

居民服务、修理和其他服务，金融，房地产等其他部门出口各年的 GDP 贡献率均较低甚至为零。如表 5－9 所示，居民服务、修理和其他服务在 2010 年以及之前各年份的出口 GDP 贡献率虽都维持在 0.02% 以上，但是 2012 年和 2015 年降至 0.01% 之下，金融，水利、环境和公共设施管理，卫生和社会工作等部门个别年份的出口 GDP 贡献在 0.02% 以上，而房地产，科学研究和技术服务，公共管理、社会保障和社会组织三个部门的出口

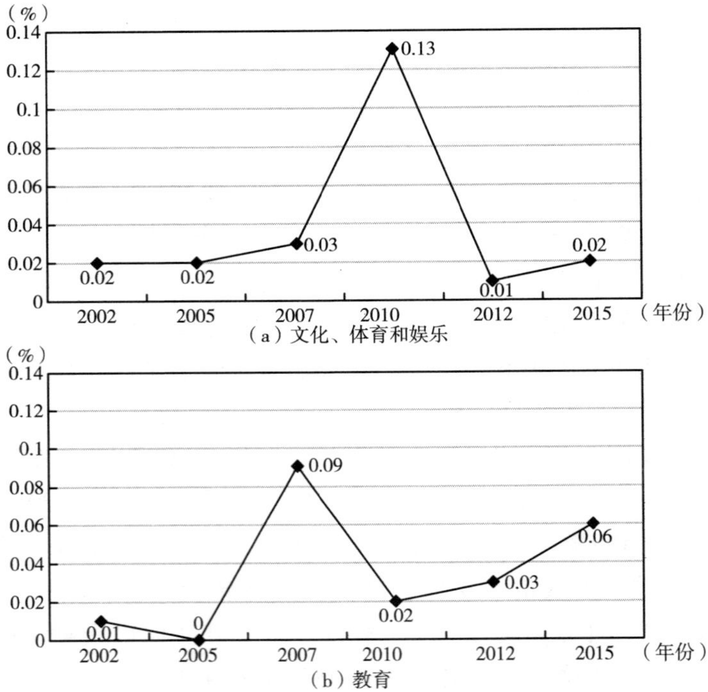


**图 5－12　2002～2015 年浙江省文化、体育和娱乐，教育部门出口 GDP 贡献率**

资料来源：根据表 5－9 相关数据绘制。

GDP 贡献历年都没有超过 0.01%，甚至为零。

**2. 部门服务贸易出口贡献系数的测算结果**

表 5－10 列出了各年度浙江省 14 个服务部门的出口贡献系数和出口比例。不难发现，服务贸易各部门的出口贡献系数普遍较高，出口比例部门相差悬殊。

（1）部门出口 GDP 贡献系数。

服务贸易各部门的出口 GDP 贡献系数一直维持在较高水平（均在 0.6 以上），而且部门出口 GDP 贡献系数年度变化不大，历年全部部门的出口 GDP 贡献系数均值高达 0.81。

**表 5－10　浙江省各年度服务贸易部门出口 GDP 贡献系数和出口比例**

| 部门 | 2002 年 | | 2005 年 | | 2007 年 | | 2010 年 | | 2012 年 | | 2015 年 | |
|---|---|---|---|---|---|---|---|---|---|---|---|---|
| | 贡献系数 | 出口比例（%） | 贡献系数 | 出口比例（%） | 贡献系数 | 出口比例（%） | 贡献系数 | 出口比例（%） | 贡献系数 | 出口比例（%） | 贡献系数 | 出口比例（%） |
| 批发和零售 | 0.92 | 69.06 | 0.89 | 73.03 | 0.90 | 52.41 | 0.90 | 14.11 | 0.89 | 54.53 | 0.91 | 59.68 |
| 交通运输、仓储和邮政 | 0.75 | 18.20 | 0.67 | 16.56 | 0.68 | 31.17 | 0.72 | 16.26 | 0.74 | 14.71 | 0.82 | 10.21 |
| 住宿和餐饮 | 0.77 | 6.37 | 0.69 | 4.84 | 0.73 | 6.50 | 0.73 | 37.88 | 0.79 | 0.00 | 0.81 | 0.00 |
| 信息传输、软件和信息技术服务 | 0.87 | 1.78 | 0.78 | 0.98 | 0.78 | 1.44 | 0.79 | 5.89 | 0.82 | 13.14 | 0.85 | 13.80 |
| 金融 | 0.90 | 0.57 | 0.92 | 0.32 | 0.91 | 0.00 | 0.91 | 0.00 | 0.90 | 0.07 | 0.92 | 0.07 |
| 房地产 | 0.91 | 0.00 | 0.94 | 0.00 | 0.95 | 0.00 | 0.92 | 0.00 | 0.97 | 0.00 | 0.97 | 0.00 |
| 租赁和商务服务 | 0.90 | 0.00 | 0.77 | 0.00 | 0.70 | 2.68 | 0.74 | 9.87 | 0.76 | 15.86 | 0.80 | 14.49 |
| 科学研究和技术服务 | 0.82 | 0.00 | 1.00 | 0.00 | 0.71 | 0.00 | 0.73 | 0.20 | 0.70 | 0.00 | 0.78 | 0.00 |
| 水利、环境和公共设施管理 | 0.67 | 0.00 | 0.72 | 0.00 | 0.82 | 0.90 | 0.83 | 4.91 | 0.77 | 0.00 | 0.81 | 0.00 |

续表

| 部门 | 2002年 | | 2005年 | | 2007年 | | 2010年 | | 2012年 | | 2015年 | |
|---|---|---|---|---|---|---|---|---|---|---|---|---|
| | 贡献系数 | 出口比例（%） | 贡献系数 | 出口比例（%） | 贡献系数 | 出口比例（%） | 贡献系数 | 出口比例（%） | 贡献系数 | 出口比例（%） | 贡献系数 | 出口比例（%） |
| 居民服务、修理和其他服务 | 0.80 | 1.97 | 0.77 | 2.10 | 0.79 | 0.79 | 0.80 | 3.67 | 0.79 | 0.00 | 0.82 | 0.00 |
| 教育 | 0.85 | 0.34 | 0.85 | 0.16 | 0.88 | 2.31 | 0.89 | 0.86 | 0.86 | 0.74 | 0.91 | 1.27 |
| 卫生和社会工作 | 0.68 | 0.00 | 0.66 | 0.00 | 0.69 | 0.00 | 0.72 | 0.00 | 0.71 | 0.58 | 0.75 | 0.00 |
| 文化、体育和娱乐 | 0.78 | 1.05 | 0.73 | 0.91 | 0.81 | 1.46 | 0.83 | 5.73 | 0.79 | 0.36 | 0.84 | 0.47 |
| 公共管理、社会保障和社会组织 | 0.79 | 0.00 | 0.81 | 0.00 | 0.80 | 0.00 | 0.83 | 0.00 | 0.91 | 0.00 | 0.92 | 0.00 |
| 合计 | — | 100 | — | 100 | — | 100 | — | 100 | — | 100 | — | 100 |

资料来源：根据本书编制的各年度浙江省非竞争型投入产出表计算整理。

房地产、金融以及批发和零售三个部门的各年出口 GDP 贡献系数均在 0.9 以上（除了批发和零售部门 2012 年为 0.89）。

教育和社会保障部门各年出口 GDP 贡献系数几乎都在 0.8 ~ 0.9。其中，教育部门贡献率一直保持在 0.85 以上，2015 年更是突破了 0.9，达到了 0.91。社会保障部门的贡献系数则一直保持增长态势，2002 年的贡献率不足 0.8，此后多年连续增长，并于 2012 年达到 0.91，2015 年进一步增至 0.92。

其余部门的出口 GDP 贡献系数在各年虽有涨有跌，但变化幅度不大，总体水平较高。

（2）部门出口比例。

批发和零售，交通运输、仓储和邮政以及住宿和餐饮三大传统服务贸易部门的累积出口占比虽然呈现明显的下降趋势，但是占比依然较高。2002 年、2005 年和 2007 年三部门的出口总额在所有部门出口总额中的占比均超过了 90%，分别高达 93.63%、94.43% 和 90.08%，在此之后的 2010 年、2012 年和 2015 年，占比大幅下降，分别为 68.25%、69.24% 和 69.89%，但依然占到各部门出口总额的近七成。

信息传输、软件和信息技术服务与租赁和商务服务的出口占比上涨明显。其中，信息传输、软件和信息技术服务的出口比重由最低的不到 1%，涨至 10% 以上，在 2012 年和 2015 年分别达到了 13.14% 和 13.8%。与此同时，租赁和商务服务部门更是从零出口上涨到 15% 左右。

教育和文化体育及娱乐两个部门的历年占比虽然不大，但是占比的年度波动却相对较大。教育部门的出口占比在 2005 年达到最低，仅为 0.16%，但在 2007 年占比则上升到 2.37%，达到各年最高水平。文化体育及娱乐部门，占比的变动幅度也从 2005 年的 0.91% 达到 2010 年的 5.73%。

其他的服务部门的出口贸易占比都非常低，甚至为零。如金融、公共设施管理、科学研究和技术服务、卫生和社会工作四部门除了某些年份有小部分的出口之外，大部分年份的出口为零。房地产和社会保障两个部门则在各年均则无出口。

### （三）测度结果解读

从浙江省服务贸易出口 GDP 贡献的测度结果，可以发现：

第一，浙江省服务贸易出口总量规模相对较小，但这十几年来服务贸易出口对 GDP 的贡献度是不容小觑的。2002～2015 年间浙江省由服务贸易出口产生的增加值、服务贸易出口对 GDP 的贡献率均呈现上升趋势。2002 年服务贸易出口对 GDP 的贡献率为 2.59%，到 2015 年服务贸易出口对 GDP 的贡献率达到了 4.96%，可以说浙江省服务贸易出口对经济增长有着不容忽视的拉动作用。

第二，浙江省信息传输、软件和信息技术服务，租赁和商务服务部门出口正在兴起，文教体娱服务贸易出口蓄势待发。信息传输、软件和信息技术服务出口贡献率从 2002 年的 0.04% 上升至 2015 年的 0.66%，租赁和商务服务部门的出口贡献率从 2002 年的 0.00% 上升至 2015 年的 0.66%，已经超过传统服务贸易行业的交通运输、仓储和邮政出口对 GDP 的贡献率，这说明以信息传输和信息技术服务、租赁和商务服务为代表的新兴服务贸易出口已经逐步成为浙江省服务贸易出口 GDP 贡献的主要力量；而教育、文化体育及娱乐服务贸易出口贡献率虽然尚小，但是稳步上升，是提升浙江省服务贸易出口 GDP 贡献率不可忽视的储备力量。

第三，服务贸易部门出口 GDP 贡献系数和出口比例不一致是导致近几年出口贡献系数无法得到较大提升的主要原因。如出口 GDP 贡献系数位于第一梯队的金融部门，各年的出口占比均不超过 1%；出口 GDP 贡献系数较高的教育部门，出口占比不高，且各年变化较大。另外，在浙江省服务贸易出口中，新兴产业服务贸易出口优势还未凸显，这也在一定程度上导致了浙江省服务贸易出口贡献系数没有获得较大提升。

## 三、服务贸易进口 GDP 贡献的测算结果与分析

与服务贸易出口对浙江省 GDP 贡献的分析过程一样，以下分别从服务贸易进口总量的 GDP 贡献和部门服务贸易进口的 GDP 贡献来概述和分析服务贸易进口对浙江省 GDP 贡献的测算结果。

### （一）服务贸易进口 GDP 贡献的测度结果

依据第三章编制的浙江省 2002 年、2005 年、2007 年、2010 年、2012 年以及 2015 年的非竞争型投入产出表数据，利用公式（5－17）～公式（5－19）来定量测度服务贸易进口对浙江省 GDP 的贡献，具体结果如表 5－11 所示。

表 5－11 是基于浙江省非竞争型投入产出表测度的服务贸易进口对浙江省 GDP 的贡献，它是对浙江省统计局提供的一般投入产出表进行了进口产品拆分处理之后进行测度的结果，能够纯粹地反映国内服务产品进口对于 GDP 的贡献。

表 5－11 中，2002～2015 年，浙江省服务贸易进口总值增长迅速，由 2002 年的 7.56 亿美元增至 2015 年的 157.58 亿美元，年均增量高达 11.54 亿美元。相应地，服务贸易进口额在进口总额中的占比也从 2002 年的 0.80% 持续增长至 2015 年的 2.29%。同期的货物贸易进口总额也从 125.45 亿美元增至 704.52 亿美元，年均增量为 44.54 亿美元；然而货物贸易进口总额在进口总额中的占比在 2005 年和 2007 年分别增至 18.65% 和 19.68% 之后，在 2010 年、2012 年呈现出明显的下降态势，并于 2015 年继续跌至 10.23%，货物贸易进口在浙江省贸易进口中的优势地位已经开始逐年减弱。

**表 5-11 浙江省各年度服务贸易进口 GDP 贡献的测度结果**

| 指标 | 2002 年 | 2005 年 | 2007 年 | 2010 年 | 2012 年 | 2015 年 |
|---|---|---|---|---|---|---|
| 进口总量（亿美元） | 133.01 | 324.84 | 533.83 | 809.71 | 975.73 | 862.10 |
| 其中：服务进口总值（亿美元） | 7.56 | 18.97 | 48.00 | 79.01 | 96.89 | 157.58 |
| 货物进口总值（亿美元） | 125.45 | 305.87 | 485.83 | 730.70 | 878.84 | 704.52 |
| 地区 GDP（亿美元） | 941.90 | 1639.78 | 2468.80 | 4094.62 | 5491.64 | 6886.96 |
| 进口占 GDP 的比重（%） | 14.12 | 19.81 | 21.62 | 19.77 | 17.77 | 12.52 |
| 其中：服务贸易进口占 GDP 的比重（%） | 0.80 | 1.16 | 1.94 | 1.93 | 1.76 | 2.29 |
| 货物贸易进口占 GDP 的比重（%） | 13.32 | 18.65 | 19.68 | 17.84 | 16.01 | 10.23 |
| 进口产生的 GDP（亿美元） | 41.04 | 105.71 | 152.84 | 184.66 | 339.57 | 308.27 |
| 其中：服务贸易进口产生的 GDP（亿美元） | 3.69 | 7.08 | 12.85 | 37.14 | 57.96 | 72.29 |
| 货物贸易进口产生的 GDP（亿美元） | 37.35 | 98.63 | 139.98 | 177.76 | 281.60 | 235.98 |
| 进口 GDP 贡献率（%） | 4.36 | 6.45 | 6.19 | 4.51 | 6.18 | 4.48 |
| 服务贸易进口 GDP 贡献率（%） | 0.39 | 0.43 | 0.52 | 0.91 | 1.06 | 1.05 |
| 货物贸易进口 GDP 贡献率（%） | 3.97 | 6.01 | 5.67 | 4.34 | 5.13 | 3.43 |
| 进口 GDP 贡献系数 | 0.3206 | 0.3427 | 0.3089 | 0.2530 | 0.3480 | 0.3735 |
| 其中：服务贸易进口 GDP 贡献系数 | 0.3185 | 0.2703 | 0.2880 | 0.4701 | 0.4246 | 0.4687 |
| 货物贸易进口 GDP 贡献系数 | 0.3208 | 0.3494 | 0.3110 | 0.2731 | 0.3355 | 0.3516 |

资料来源：根据本书编制的各年度浙江省非竞争型投入产出表计算整理。

以下将从贡献率和贡献系数的测算结果与变化过程来重点分析服务贸易进口对浙江省 GDP 的贡献。

**1. 服务贸易进口 GDP 贡献率的测算结果**

根据表 5－11 的测度结果，绘制如图 5－13 所示的浙江省进口 GDP 贡献率、货物贸易进口 GDP 贡献率以及服务贸易进口 GDP 贡献率的对比折线图。

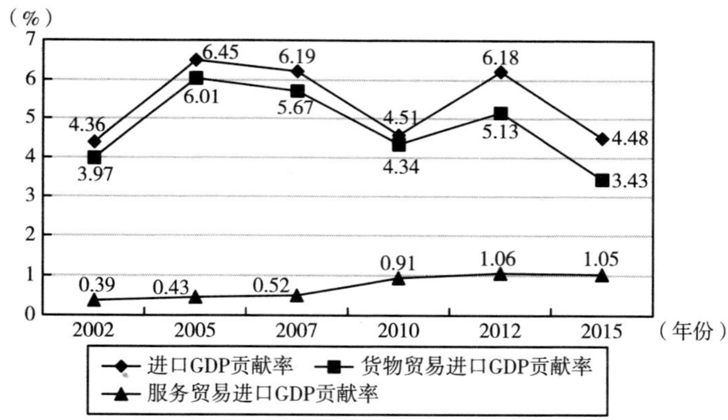


**图 5－13　2002～2015 年浙江省进口、货物贸易进口及服务贸易进口的 GDP 贡献率**

资料来源：根据表 5－11 相关数据绘制。

从进口的 GDP 贡献率来看，2002 年进口对浙江省生产总值的贡献率为 4.36%，2005 年上涨至 6.45%，随后步入贡献率下降阶段，2007 年小幅跌至 6.19%，并在 2010 年持续下跌至 4.51%，此后进口 GDP 贡献率又经历了一个上升和下跌交替的阶段，2012 年回升至 6.18%，2015 年降至 4.48%。简言之，2012～2015 年间浙江省进口 GDP 贡献率呈现出一个涨跌交替的动态变化过程。但是从进口对 GDP 贡献率的区间来看，各年的进口 GDP 贡献率处于 4.36%～6.19%之间，由进口推动产生的 GDP 占到全省 GDP 总值的不足 7%，说明进口对浙江省经济的推动作用有限。

如图 5 - 13 所示，浙江省货物贸易进口 GDP 贡献率经历了一个与进口贸易 GDP 贡献率几乎一致的涨跌交替的动态变化过程。2002 年货物贸易进口对浙江省 GDP 的贡献率为 3.97%，2005 年增至 6.01%，随后持续下跌，在 2007 年和 2009 年分别跌至 5.67% 和 4.34%，2012 年又回升至 5.13%，2015 年却又降至 3.43%。进一步地计算各年货物贸易进口 GDP 贡献率占进口 GDP 贡献率的比重，发现各年的占比①几乎都在 80% 以上，说明货物贸易进口是浙江省进口 GDP 贡献的主要力量。

与进口 GDP 贡献率和货物贸易进口 GDP 贡献率相比而言，服务贸易进口 GDP 贡献率一直维持在相当低的水平。但是与进口 GDP 贡献率和货物贸易进口 GDP 贡献率涨跌交替的动态变化过程所不同的是，服务贸易进口 GDP 贡献率一直保持着持续稳步上涨的态势。

**2. 服务贸易进口 GDP 贡献系数的测算结果**

图 5 - 14 展示了 2002 ~ 2015 年浙江省进口 GDP 贡献系数、货物贸易进口 GDP 贡献系数以及服务贸易进口 GDP 贡献系数的测算结果与变化发展趋势。

如图 5 - 14 所示，2012 ~ 2015 年浙江省货物贸易进口 GDP 贡献系数与进口 GDP 贡献系数非常接近，而且动态变化过程几乎一致。2002 年浙江省进口 GDP 贡献系数为 0.3206，2005 年小幅上涨至 0.3427，此后进入持续下降过程，2007 年降至 0.3089，2010 继续跌至 0.2530。然后进入大幅持续上升阶段，并于 2012 年增至 0.3480，2015 年继续增至 0.3735。与此同时，货物贸易进口 GDP 贡献系数也从 2002 年的 0.3208 微升至 2005 年的

---

① 2002 年，2005 年，2007 年，2010 年，2012 年和 2015 年货物贸易进口 GDP 贡献率占进口 GDP 贡献率的比重依次为 91.06%，93.18%，91.60%，96.23%，83.01%，76.56%。

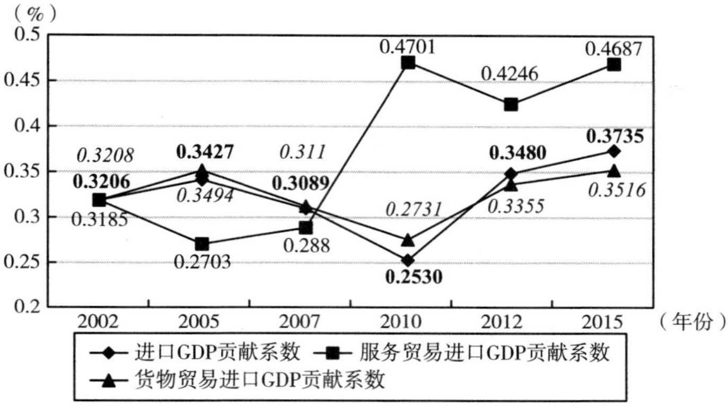


**图 5－14　2002～2015 年浙江省进口、货物贸易进口及服务贸易进口的 GDP 贡献系数**

注：图中粗体数值是各年进口 GDP 贡献系数，斜体数值是各年货物贸易进口 GDP 贡献系数，正体数值则是各年的服务贸易进口 GDP 贡献系数。

资料来源：根据表 5－11 相关数据绘制。

0.3494，然后开始持续下跌，在 2007 和 2010 年分别跌至 0.3110 和 0.2731，随后进入持续大幅增长阶段，并于 2012 年增至 0.3355，2015 年继续增至 0.3516。

服务贸易进口 GDP 贡献系数在大小和变化过程上与货物贸易进口 GDP 贡献系数和进口 GDP 贡献系数存在着较大的差异。就贡献系数大小来看，2002 年、2005 年、2007 年的服务贸易进口 GDP 贡献系数均小于货物贸易进口及进口的 GDP 贡献系数，而在此后的 2010 年、2012 年、2015 年服务贸易进口 GDP 贡献系数均大于货物贸易进口及进口的 GDP 贡献系数，且差距呈现不断扩大之势。就变化过程来看，服务贸易进口 GDP 贡献系数在相对低位的 2002～2005 年间，经历了一次由跌到涨的过程，此后大幅上涨至 2010 年的 0.4701，并在贡献系数相对高位的 2010～2015 年间，又经历了一次由跌到涨的过程。分析图 5－14 不难发现，货物贸易进口 GDP 贡献系数和服务贸易进口 GDP 贡献系数的变化呈现此消彼长的关系。此外，2010 年以来，服务贸易进口 GDP 贡献系数折线图一直位于货物贸易进口 GDP 贡献系数折线图之上，这表明同样进口 1 单位产品，服务贸易进口比货物贸易进口带来更多的增加值，服务贸易进口对经济增长的贡献潜力不容忽视。

### （二）部门服务贸易进口 GDP 贡献的测度结果

为了理清 2002 ~ 2015 年浙江省各服务部门进口贸易的 GDP 贡献以及贡献的部门差异，结合浙江省 2002 年、2005 年、2007 年、2010 年、2012 年以及 2015 年的非竞争型投入产出表，利用公式（5 - 20）~公式（5 - 22），计算浙江省各服务贸易部门进口对 GDP 的贡献。

以下从部门服务贸易进口的 GDP 贡献率和部门服务贸易进口的 GDP 贡献系数来分别介绍测度结果。

#### 1. 部门服务贸易进口 GDP 贡献率的测度结果

表 5 - 12 列出了各年度 14 个服务部门进口贸易的 GDP 贡献率。

（1）不同年度服务贸易进口 GDP 贡献的部门特征。

2002 年服务贸易进口的 GDP 贡献率是 0.38%，也就是各服务部门进口贸易的 GDP 贡献率累积和为 0.38%。其中，五个部门的进口对 GDP 有贡献[①]，依次是批发和零售（0.21%）[②]，交通运输、仓储和邮政（0.09%），金融（0.05%），住宿和餐饮（0.01%），居民服务、修理和其他服务（0.01%）。其余部门的进口 GDP 贡献率皆低于 0.01%，甚至为零。显然，批发和零售，交通运输、仓储和邮政，住宿和餐饮三个传统服务部门的进口贡献率的优势十分明显，三部门的累积进口 GDP 贡献率为 0.31%，占到所有服务部门贸易出口累积 GDP 贡献

① 考虑到小数点后的数据位数，这里主要指有 0.01% 及以上的贡献度。

② 括号里的数值为部门进口贸易的 GDP 贡献率，下同。

率的 81.58%。此外，金融部门的进口 GDP 贡献率占比也达到了 13.16%，金融服务进口也是 2002 年进口贸易推动浙江省 GDP 的重要力量。

**表 5－12　浙江省各年度服务贸易部门进口 GDP 贡献率**　单位:%

| 部门 | 2002 年 | 2005 年 | 2007 年 | 2010 年 | 2012 年 | 2015 年 |
|---|---|---|---|---|---|---|
| 批发和零售 | 0.21 | 0.27 | 0.28 | 0.12 | 0.17 | 0.12 |
| 交通运输、仓储和邮政 | 0.09 | 0.14 | 0.16 | 0.37 | 0.21 | 0.28 |
| 住宿和餐饮 | 0.01 | 0.01 | 0.03 | 0.28 | 0.00 | 0.00 |
| 信息传输、软件和信息技术服务 | 0.00 | 0.00 | 0.00 | 0.08 | 0.00 | 0.01 |
| 金融 | 0.05 | 0.01 | 0.00 | 0.00 | 0.00 | 0.00 |
| 房地产 | 0.00 | 0.00 | 0.00 | 0.00 | 0.00 | 0.00 |
| 租赁和商务服务 | 0.00 | 0.00 | 0.01 | 0.06 | 0.63 | 0.57 |
| 科学研究和技术服务 | 0.00 | 0.00 | 0.00 | 0.01 | 0.00 | 0.00 |
| 水利、环境和公共设施管理 | 0.00 | 0.00 | 0.00 | 0.02 | 0.00 | 0.00 |
| 居民服务、修理和其他服务 | 0.01 | 0.00 | 0.00 | 0.02 | 0.00 | 0.00 |
| 教育 | 0.00 | 0.00 | 0.02 | 0.00 | 0.01 | 0.04 |
| 卫生和社会工作 | 0.00 | 0.00 | 0.00 | 0.00 | 0.00 | 0.00 |
| 文化、体育和娱乐 | 0.00 | 0.00 | 0.01 | 0.05 | 0.03 | 0.02 |
| 公共管理、社会保障和社会组织 | 0.00 | 0.00 | 0.00 | 0.00 | 0.00 | 0.00 |
| 合计 | 0.38 | 0.43 | 0.52 | 0.91 | 1.06 | 1.05 |

资料来源：根据本书编制的各年度浙江省非竞争型投入产出表计算整理。

2005 年服务贸易进口的 GDP 贡献率上升至 0.43%，其中仅有四个部门的进口贸易对 GDP 有贡献，它们依次是批发和零售（0.27%），交通运输、仓储和邮政（0.14%），住宿和餐饮（0.01%），金融（0.01%）。三大传统服务部门的进口 GDP 贡献率依然位列前三名，且其累积贡献率（0.42%）在当年所有部门进口累积 GDP 贡献率中的占比高达 94.67%。然而，金融部门进口的 GDP 贡献率却降至 0.01%。

2007 年服务贸易进口的 GDP 贡献率继续升至 0.52%，且进口对 GDP 有贡献的部门增至六个，依次是批发和零售（0.28%），交通运输、仓储和邮政（0.16%），住宿和餐饮（0.03%），教育（0.02%），租赁和商务服务（0.01%），文化、体育和娱乐（0.01%）。三大传统服务部门的累积进口 GDP 贡献率（0.47%）占比依然高达 90.38%。值得注意的是，文教体娱、租赁和商务服务等部门的进口 GDP 贡献率大幅提升，这些部门开始成为进口贸易促进浙江省经济增长的新生力量。

2010 年服务贸易进口的 GDP 贡献率大幅升至 0.91%，且进口对 GDP 有贡献的部门增至九个，依次是交通运输、仓储和邮政（0.37%），住宿和餐饮（0.28%），批发和零售（0.12%），信息传输、软件和信息技术服务（0.08%），租赁和商务服务（0.06%），文化、体育和娱乐（0.05%），水利、环境和公共设施管理（0.02%），居民服务、修理和其他服务（0.02%），科学研究和技术服务（0.01%）。三大传统服务部门进口的 GDP 贡献率排名依然靠前，但是三部门的累积贡献率（0.77%）在服务贸易进口 GDP 贡献率中的占比却有所下滑，占比降至 84.61%。与此同时，涌现了更多新的能够通过进口贡献 GDP 的部门，如信息传输、软件和信息技术服务，水利、环境和公共设施管理以及科学研究和技术服务等部门，其中信息传输、软件和信息技术服务的进口 GDP 贡献率为 0.08%，占到所有部门累积进口 GDP 贡献率的近 10%，其作用不容小觑。

2012 年服务贸易进口的 GDP 贡献率突破 1%，达到 1.06%，有五个部门的进口贸易对 GDP 有贡献，依次是租赁和商务服务（0.63%），交通运输、仓储和邮政（0.21%），批发和零售（0.17%），文化、体育和娱乐（0.03%），教育（0.01%）。三大传统服务部门中，住宿和餐饮部门进口贡献率优势不再，导致传统服务部门的进口 GDP 贡献率占比大幅下滑，跌至 35.85%。与此同时，租赁和商务服务、文教体娱服务部门的进口 GDP 贡献开始凸显，特别是租赁和商务服务的进口 GDP 贡献率增长明显，其在进口 GDP 贡献率中的占比达到 59.43%，成为进口 GDP 贡献的中坚力量。

2015 年服务贸易进口的 GDP 贡献率保持在 1% 之上，为 1.05%。六个部门的进口对 GDP 有贡献，它们依次是租赁和商务服务（0.57%），交通运输、仓储和邮政（0.28%），批发和零售（0.12%），教育（0.04%），文化、体育和娱乐（0.02%），信息传输、软件和信息技术服务（0.01%）。传统服务部门的进口 GDP 贡献率占比依然处在 38.10% 的低位。同期，以租赁和商务服务与信息传输、软件和信息技术服务为代表的新兴服务在进口 GDP 贡献率中的占比依然高达 55.24%，文教体娱服务部门的贡献也在稳步提升。

（2）不同服务部门服务贸易进口 GDP 贡献的变化特征。

批发和零售，交通运输、仓储和邮政，住宿和餐饮三大传统服务部门在贸易进口 GDP 贡献中的作用呈大幅减弱态势。2002 年三大传统部门的进口 GDP 贡献率在所有部门进口 GDP 贡献率中的占比为 81.58%，2005 年和 2007 年该占比分别上升至 94.67% 和 90.38%，2010 年跌至 84.61% 但依然高于 2002 年的初始水平，然后 2012 年却大幅跌至 35.85%，2015 年也仅为

38.10%。图 5－15 直观地反映了三大传统部门服务贸易进口 GDP 贡献的这种动态变化，图中批发和零售，交通运输、仓储和邮政以及住宿和餐饮出口 GDP 贡献率的累积面积与服务进口 GDP 贡献率折线的差距，在 2010 年前非常小，然后随着时间的推移呈现出不断扩大的态势。

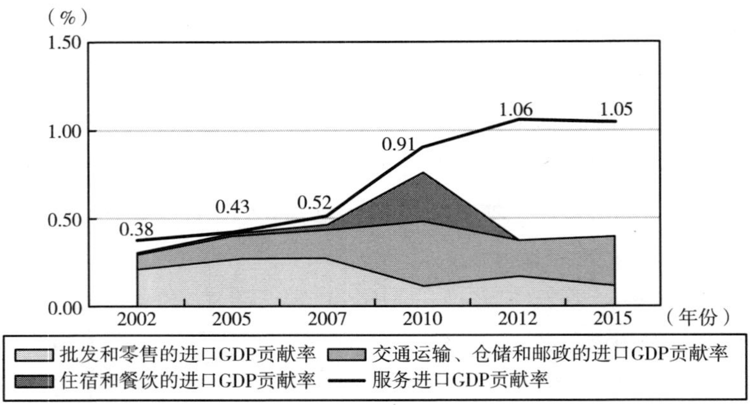


**图 5－15　2002～2015 年浙江省三大传统服务部门进口 GDP 贡献率**

资料来源：根据表 5－12 相关数据绘制。

租赁和商务服务进口 GDP 贡献率及其在服务贸易进口 GDP 贡献率中的占比呈持续上涨态势。如图 5－16 所示，2002～2010 年租赁和商务服务进口 GDP 贡献率无论在贡献率大小还是在所有部门进口 GDP 贡献率中的占比均非常低。2010～2012 年，租赁和商务服务进口 GDP 贡献率大幅增长，由 0.06% 增至 0.63%，相应地进口贡献率占比也从 6.59% 跃至 59.43%，租赁和商务服务进口 GDP 贡献率解释了 2012 年服务贸易进口对 GDP 约 60% 的贡献。此后的 2015 年，租赁和商务服务的贡献力依然保持。这说明租赁和商务服务部门已经替代传统服务贸易部门，成为通过进口推动经济增长的主要动力部门。

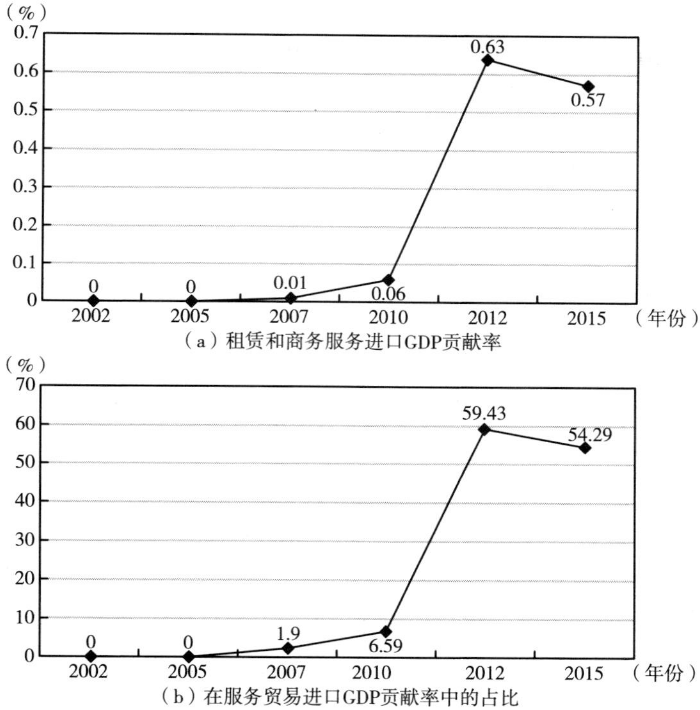


**图 5－16　2002～2015 年浙江省租赁和商务服务进口 GDP 贡献率及占比**

资料来源：根据表 5－12 相关数据绘制。

教育和文化体育及娱乐两个部门的进口贸易在 2007 年开始对 GDP 有贡献，且进口 GDP 贡献率分别为 0.02% 和 0.01%，此后贡献率有涨有跌，但是大多维持在 0.01%～0.05%。

信息传输、软件和信息技术服务，金融，水利、环境和公共设施管理，居民服务、修理和其他服务等三个部门偶尔有些年份的进口 GDP 贡献率达到 0.01% 及以上，而房地产，公共管理、社会保障和社会组织两个部门的进口 GDP 贡献率均非常低。

**2. 部门服务贸易进口贡献系数的测算结果**

表 5 – 13 列出了浙江省各年度 14 个服务部门的进口贡献系数和进口比例。不难发现，服务贸易部门进口贡献系数普遍不高，而且部门差异明显，进口比例部门相差悬殊。

（1）部门进口贡献系数。

批发和零售、交通运输、住宿和餐饮三大传统服务部门的进口贡献系数相对较高，而且交通运输比较突出，住宿和餐饮部门近期下降明显。

信息服务部门各年的进口贡献系数都在 0. 32 ~0. 51。文化、体育和娱乐部门的进口贡献系数也较稳定的处于0. 23 ~0. 38。这些都是进口贡献系数较高且稳定的部门。

金融部门的进口贡献系数，除了 2007 年和 2010 年外，大都在 0. 6 之上。租赁和商务服务部门的进口贡献系数，除了 2002 年和 2005 年外，均在 0. 54 之上。居民服务部门前四个年度贡献率都较高，2007 和 2010 年达到了 0. 51 和 0. 55。这些都是进口贡献系数较高的部门。

教育部门各年的出口贡献系数均处于 0. 04 ~0. 13，水平不高，但是呈现出稳步上涨态势。

其余的如卫生和社会工作、公共设施管理、科学研究和技术服务部门除了个别年份之外进口贡献系数都很低。房地产、社会保障部门历年的贡献系数都很低。

（2）部门进口比例。

批发和零售，交通运输、仓储和邮政以及住宿和餐饮三大传统服务贸易部门的累积进口占比呈现明显的下降趋势。2002 年、2005 年和 2007 年三部门的进口占比均在 80% 之上，2010 年降至 74. 05%，2012 年大幅降至 43. 61%，2015 年继续跌至 39. 31%。

租赁和商务服务的进口占比上涨趋势明显，2007 年占比不足 1%，2010 年增至 3. 81%，2012 年更是大幅涨至 47. 41%，2015 年

**表 5－13　浙江省各年度服务贸易部门进口 GDP 贡献系数与进口比例**

| 部门 | 2002 年 | | 2005 年 | | 2007 年 | | 2010 年 | | 2012 年 | | 2015 年 | |
|---|---|---|---|---|---|---|---|---|---|---|---|---|
| | 贡献系数 | 进口比例（%） | 贡献系数 | 进口比例（%） | 贡献系数 | 进口比例（%） | 贡献系数 | 进口比例（%） | 贡献系数 | 进口比例（%） | 贡献系数 | 进口比例（%） |
| 批发和零售 | 0.27 | 64.32 | 0.24 | 72.34 | 0.29 | 53.19 | 0.32 | 13.80 | 0.25 | 26.86 | 0.28 | 19.67 |
| 交通运输、仓储和邮政 | 0.42 | 18.66 | 0.39 | 21.71 | 0.41 | 21.82 | 0.51 | 27.15 | 0.51 | 16.75 | 0.63 | 19.64 |
| 住宿和餐饮 | 0.25 | 2.45 | 0.20 | 2.02 | 0.27 | 6.83 | 0.32 | 33.10 | 0.00 | 0.00 | 0.00 | 0.00 |
| 信息传输、软件和信息技术服务 | 0.51 | 0.41 | 0.48 | 0.28 | 0.32 | 0.46 | 0.37 | 7.82 | 0.40 | 0.41 | 0.32 | 1.49 |
| 金融 | 0.59 | 7.55 | 0.64 | 0.51 | 0.00 | 0.00 | 0.00 | 0.00 | 0.63 | 0.20 | 0.77 | 0.33 |
| 房地产 | 0.00 | 0.00 | 0.00 | 0.00 | 0.00 | 0.00 | 0.00 | 0.00 | 0.00 | 0.00 | 0.00 | 0.00 |
| 租赁和商务服务 | 0.00 | 0.00 | 0.00 | 0.00 | 0.55 | 0.59 | 0.61 | 3.81 | 0.54 | 47.41 | 0.63 | 40.49 |
| 科学研究和技术服务 | 0.00 | 0.00 | 0.00 | 0.00 | 0.00 | 0.00 | 0.32 | 1.41 | 0.00 | 0.00 | 0.00 | 0.00 |
| 水利、环境和公共设施管理 | 0.00 | 0.00 | 0.00 | 0.00 | 0.14 | 0.68 | 0.19 | 4.22 | 0.00 | 0.00 | 0.00 | 0.00 |

续表

| 部门 | 2002 年 | | 2005 年 | | 2007 年 | | 2010 年 | | 2012 年 | | 2015 年 | |
|---|---|---|---|---|---|---|---|---|---|---|---|---|
| | 贡献系数 | 进口比例（%） | 贡献系数 | 进口比例（%） | 贡献系数 | 进口比例（%） | 贡献系数 | 进口比例（%） | 贡献系数 | 进口比例（%） | 贡献系数 | 进口比例（%） |
| 居民服务、修理和其他服务 | 0. 20 | 2. 98 | 0. 17 | 0. 75 | 0. 51 | 0. 53 | 0. 55 | 1. 44 | 0. 00 | 0. 00 | 0. 00 | 0. 00 |
| 教育 | 0. 05 | 2. 40 | 0. 04 | 1. 07 | 0. 06 | 13. 41 | 0. 06 | 1. 59 | 0. 11 | 2. 34 | 0. 13 | 15. 54 |
| 卫生和社会工作 | 0. 00 | 0. 00 | 0. 00 | 0. 00 | 0. 00 | 0. 00 | 0. 00 | 0. 00 | 0. 08 | 1. 19 | 0. 06 | 0. 00 |
| 文化、体育和娱乐 | 0. 37 | 0. 89 | 0. 27 | 0. 52 | 0. 27 | 2. 29 | 0. 38 | 5. 28 | 0. 23 | 4. 82 | 0. 32 | 2. 83 |
| 公共管理、社会保障和社会组织 | 0. 00 | 0. 00 | 0. 00 | 0. 00 | 0. 00 | 0. 00 | 0. 00 | 0. 00 | 0. 00 | 0. 00 | 0. 00 | 0. 00 |
| 合计 | — | 100 | — | 100 | — | 100 | — | 100 | — | 100 | — | 100 |

资料来源：根据本书编制的各年度浙江省非竞争型投入产出表计算整理。

占比也在 40% 以上。租赁和商务服务的进口占比的大幅提升与同期的进口贡献系数不断提升相一致，这也是租赁和商务服务的进口贡献率不断提升的主要原因。

此外，教育，文化、体育和娱乐部门的进口占比普遍不高，但是进口比例的变动与部门的进口贡献系数的变化基本一致，这也解释了前述教育文娱部门进口贡献率相对较高的原因。

从部门进口系数与进口比例的一致性来看，浙江省服务贸易进口结构日趋合理。2002 ~ 2015 年浙江省服务贸易进口贡献率较大的部门，其服务贸易进口比例也呈现一定程度上升趋势。其中部门进口贡献系数较大的租赁和商务服务部门，其进口比例增幅较大，从 2002 年的 0. 00% 增至 2015 年的 40. 49% 。结合图 5 – 17，不难发现进口贡献率与进口比例具有较强的相关性，如果盲目扩大进口额，会在一定程度上增加进口贡献率，但也会降低经济生产效率，因而浙江省发展服务贸易进口要根据实际生产的需要来适当选择进口比例，这样才能使浙江省的经济收益得到提高。

### （三）测度结果解读

与服务贸易出口对 GDP 贡献度的分析角度不同，我们主要从供给角度分析服务贸易进口之于 GDP 的推动作用，研究有以下发现。

第一，服务贸易进口规模虽小，但近些年来服务贸易进口对 GDP 的贡献日益显著。2002 ~ 2015 年间浙江省由服务贸易进口产生的增加值、服务贸易进口对 GDP 的贡献率均呈现明显上升趋势。2002 年服务贸易进口对 GDP 的贡献率为 0. 39% ，到 2015 年服务贸易进口对 GDP 的贡献率达到 1. 05% 。可以说浙江省服务贸易进口对经济增长有着不容忽视的推动作用。

第二，以租赁和商务服务部门为代表的新兴服务贸易进口初

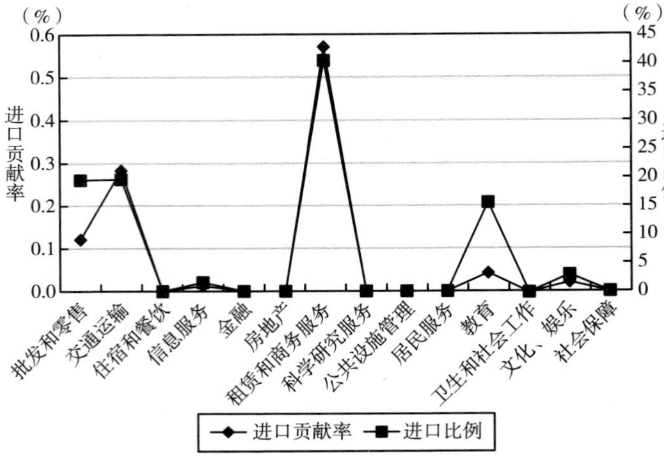


**图 5－17　2015 年浙江省服务贸易部门进口 GDP 贡献率与进口比例**

资料来源：根据表 5－13 相关数据绘制。

具规模，已经替代传统服务贸易部门，成为通过进口推动经济增长的主要动力部门。租赁和商务服务部门的进口占比由 2002 年的不足 1% 大幅上涨至 2015 年的 40% 左右，其进口 GDP 贡献系数近年来也一直维持较高水平，使得该部门的进口 GDP 贡献率由 0.06% 增至 0.63%。2015 年租赁和商务服务部门的进口 GDP 贡献率占到所有部门进口 GDP 贡献率的 50% 以上，租赁和商务服务部门在进口推动经济增长过程中发挥了重要的作用。

第三，浙江省服务贸易进口结构日趋合理。浙江省服务贸易进口贡献系数与进口比例相关性不断增强，2002～2015 年各部门服务贸易进口贡献系数的变化与其进口比例的变动日趋一致。

## 四、服务贸易进口、出口 GDP 贡献的测算结果对比

以上就服务出口贸易和进口贸易之于浙江省 GDP 贡献的测算结果分别进行了阐释和解读，那么服务贸易的出口 GDP 贡献和进口 GDP 贡献又有何关联和差异呢？下面从服务贸易进口、

出口 GDP 贡献率和贡献系数以及部门服务贸易进口、出口 GDP 贡献两个角度展开比较分析。

## （一）服务贸易进口、出口 GDP 贡献率和贡献系数之比较

如图 5－18 所示，服务贸易出口 GDP 贡献率折线始终位于服务贸易进口 GDP 贡献率折线之上，而服务贸易进口 GDP 贡献率折线相对平滑，且呈稳步持续上升态势。这说明一方面服务贸易出口之于 GDP 的贡献一直远大于服务贸易进口之于 GDP 的贡献；另一方面，进口 GDP 贡献率持续上升，其对 GDP 的贡献潜力不容小视。

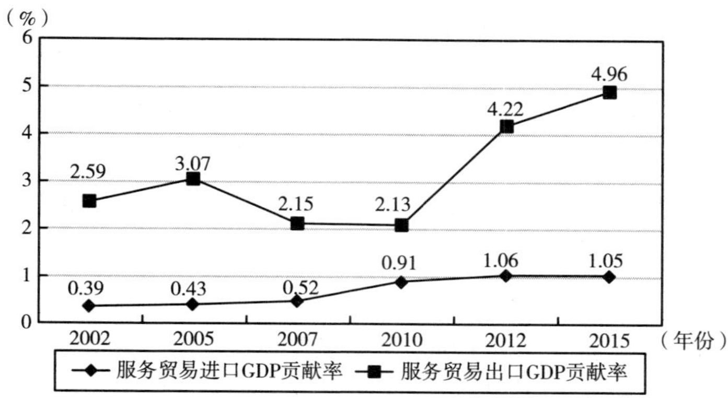


**图 5－18　2002～2015 年浙江省服务贸易进口、出口 GDP 贡献率对比**

资料来源：根据表 5－8 和表 5－11 相关数据绘制。

图 5－19 中，服务贸易出口 GDP 贡献系数折线也始终位于服务贸易进口 GDP 贡献系数折线之上，且两者差距较大，说明单位出口产生的 GDP 要远大于单位进口产生的 GDP，出口 GDP 贡献效益高于进口 GDP 贡献。然而，值得注意的是，进口 GDP 贡献系数虽然在 2012 年有小幅的下降，但是总体呈现出上升的趋势，其 GDP 贡献效益也在不断提升。

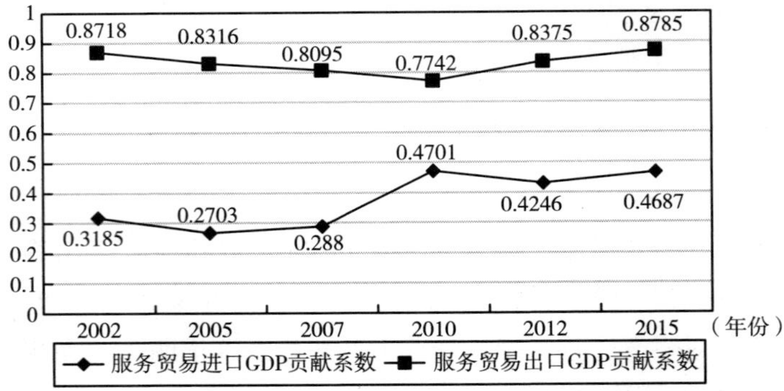


**图 5－19　2002～2015 年浙江省服务贸易进口、出口 GDP 贡献系数对比**

资料来源：根据表 5－8 和表 5－11 相关数据绘制。

## （二）部门服务贸易进口、出口 GDP 贡献之比较

表 5－14 列出了各年度出口 GDP 贡献率和进口 GDP 贡献率位列前五的部门。不难发现：部门出口 GDP 贡献率整体高于部门进口 GDP 贡献率，这与服务贸易出口 GDP 贡献率与进口 GDP 贡献率大小关系的测算结论相一致。

而具体到各年 GDP 贡献率进入前五的进口、出口部门而言：

批发和零售、交通运输、仓储和邮政、住宿和餐饮三大传统服务的进口、出口 GDP 贡献率在 2002 年、2005 年、2007 年和 2010 年皆入列前五，而住宿和餐饮部门在 2012 年和 2015 年的进口、出口 GDP 贡献率排行榜中均跌出前五。

租赁和商务服务部门的出口和进口 GDP 贡献率从 2007 年开始均进入前五行列，而且在 2012 年和 2015 年分别位居进口贡献率第一、出口贡献率第二。

教育部门出口和进口 GDP 贡献率也在 2007 年和 2012 年进入部门前五，其中 2007 年的出口和进口 GDP 贡献率均位列第四，2012 年均位列第五。

表 5－14　2002～2015 浙江省服务贸易进口、出口 GDP 贡献率前五的部门

| 年份 | 部门名称（出口 GDP 贡献率） | 部门名称（进口 GDP 贡献率） |
| --- | --- | --- |
| 2002 年 | 批发和零售（1.84%）<br>交通运输、仓储和邮政（0.39%）<br>住宿和餐饮（0.14%）<br>居民服务、修理和其他服务（0.05%）<br>信息传输、软件和信息技术服务（0.04%） | 批发和零售（0.21%）<br>交通运输、仓储和邮政（0.09%）<br>金融（0.05%）<br>住宿和餐饮（0.01%）<br>居民服务、修理和其他服务（0.01%） |
| 2005 年 | 批发和零售（2.39%）<br>交通运输、仓储和邮政（0.41%）<br>住宿和餐饮（0.12%）<br>居民服务、修理和其他服务（0.06%）<br>信息传输、软件和信息技术服务（0.03%） | 批发和零售（0.27%）<br>交通运输、仓储和邮政（0.14%）<br>住宿和餐饮（0.01%）<br>金融（0.01%）① |
| 2007 年 | 批发和零售（1.25%）<br>交通运输、仓储和邮政（0.56%）<br>住宿和餐饮（0.13%）<br>教育（0.09%）<br>租赁和商务服务（0.05%） | 批发和零售（0.28%）<br>交通运输、仓储和邮政（0.16%）<br>住宿和餐饮（0.03%）<br>教育（0.02%）<br>租赁和商务服务/文化、体育和娱乐（0.01%） |
| 2010 年 | 住宿和餐饮（0.77%）<br>批发和零售（0.35%）<br>交通运输、仓储和邮政（0.32%）<br>租赁和商务服务（0.20%）<br>文化、体育和娱乐（0.13%） | 交通运输、仓储和邮政（0.37%）<br>住宿和餐饮（0.28%）<br>批发和零售（0.35%）<br>信息传输、软件和信息技术服务（0.08%）<br>租赁和商务服务（0.06%） |
| 2012 年 | 批发和零售（2.45%）<br>租赁和商务服务（0.61%）<br>信息传输、软件和信息技术服务（0.55%）<br>交通运输、仓储和邮政（0.55%）<br>教育（0.03%） | 租赁和商务服务（0.63%）<br>交通运输、仓储和邮政（0.21%）<br>批发和零售（0.17%）<br>文化、体育和娱乐（0.03%）<br>教育（0.01%） |

① 2005 年进口 GDP 贡献率在 0.01% 及以上的部门仅有 4 个。

续表

| 年份 | 部门名称（出口 GDP 贡献率） | 部门名称（进口 GDP 贡献率） |
| --- | --- | --- |
| 2015 年 | 批发和零售（3.07%）<br>租赁和商务服务（0.66%）<br>信息传输、软件和信息技术服务（0.66%）<br>交通运输、仓储和邮政（0.47%）<br>教育（0.06%） | 租赁和商务服务（0.57%）<br>交通运输、仓储和邮政（0.28%）<br>批发和零售（0.12%）<br>教育（0.04%）<br>文化、体育和娱乐（0.02%） |

资料来源：根据表 5－9 和表 5－12 相关数据整理。

除了三大传统服务部门，租赁和商务服务、教育这类进口、出贸易 GDP 贡献率皆具优势的部门之外，还有一些部门在进口或者出口中具有较高的 GDP 贡献率。如具有出口 GDP 贡献优势的信息传输、软件和信息技术服务部门，具有进口 GDP 贡献优势的金融部门、文化、体育和娱乐部门。

表 5－15 列出了各年度出口 GDP 贡献系数和进口 GDP 贡献系数位列前五的部门。不难发现：部门出口 GDP 的贡献系数整体也要高于部门进口 GDP 的贡献系数，这与服务贸易出口 GDP 贡献系数高于进口 GDP 贡献系数的结论亦是一致的。

**表 5－15　　2002～2015 浙江省服务贸易进口、出口 GDP 贡献系数前五的部门**

| 年份 | 部门名称（出口 GDP 贡献系数/出口占比%） | 部门名称（进口 GDP 贡献系数/进口占比%） |
| --- | --- | --- |
| 2002 年 | 批发和零售（0.92/69.06）<br>房地产（0.91/0）<br>租赁和商务服务（0.90/0）/金融（0.90/0.57）<br>信息传输、软件和信息技术服务（0.87/1.78）<br>教育（0.85/0.34） | 金融（0.59/7.55）<br>信息传输、软件和信息技术服务（0.51/0.41）<br>交通运输、仓储和邮政（0.42/18.66）<br>文化、体育和娱乐（0.37/0.89）<br>批发和零售（0.27/64.32） |

续表

| 年份 | 部门名称（出口 GDP 贡献系数/出口占比%） | 部门名称（进口 GDP 贡献系数/进口占比%） |
|---|---|---|
| 2005 年 | 科学研究和技术服务（1/0）<br>房地产（0.94/0）<br>金融（0.92/0.32）<br>批发和零售（0.89/73.03）<br>教育（0.85/0.16） | 金融（0.64/0.51）<br>信息传输、软件和信息技术服务（0.48/0.28）<br>交通运输、仓储和邮政（0.39/21.71）<br>文化、体育和娱乐（0.27/0.52）<br>批发和零售（0.24/72.34） |
| 2007 年 | 房地产（0.95/0）<br>金融（0.91/0）<br>批发和零售（0.89/73.03）<br>教育（0.85/0.16）<br>水利、环境和公共设施管理（0.82/0.9） | 租赁和商务服务（0.55/0.59）<br>居民服务、修理和其他服务（0.51/0.53）<br>交通运输、仓储和邮政（0.41/21.82）<br>信息传输、软件和信息技术服务（0.32/0.46）<br>批发和零售（0.29/53.19） |
| 2010 年 | 房地产（0.92/0）<br>金融（0.91/0）<br>批发和零售（0.9/52.41）<br>教育（0.88/2.31）<br>水利、环境和公共设施管理（0.81/1.46） | 租赁和商务服务（0.61/3.81）<br>居民服务、修理和其他服务（0.55/1.44）<br>交通运输、仓储和邮政（0.51/27.15）<br>文化、体育和娱乐（0.38/5.28）<br>信息传输、软件和信息技术服务（0.37/7.82） |
| 2012 年 | 房地产（0.97/0）<br>公共管理、社会保障和社会组织（0.91/0）<br>金融（0.9/0.07）<br>批发和零售（0.86/0.74）<br>教育（0.88/0.86） | 金融（0.63/0.2）<br>租赁和商务服务（0.54/47.41）<br>交通运输、仓储和邮政（0.51/16.75）<br>信息传输、软件和信息技术服务（0.4/0.41）<br>批发和零售（0.25/26.86） |

续表

| 年份 | 部门名称（出口 GDP 贡献系数/出口占比%） | 部门名称（进口 GDP 贡献系数/进口占比%） |
| --- | --- | --- |
| 2015 年 | 房地产（0.97/0）<br>金融（0.92/0.07）<br>公共管理、社会保障和社会组织（0.92/0）<br>批发和零售（0.91/59.68）<br>教育（0.91/1.27） | 金融（0.77/0.33）<br>交通运输、仓储和邮政（0.63/19.64）<br>租赁和商务服务（0.63/40.49）<br>信息传输、软件和信息技术服务（0.32/1.49）<br>文化、体育和娱乐（0.32/2.83） |

资料来源：根据表 5 – 10 和表 5 – 13 相关数据整理。

如表 5 – 15 所示，出口 GDP 贡献系数和进口 GDP 贡献系数位居前五的部门不尽相同。

出口 GDP 贡献系数较高的部门有房地产、批发和零售、金融、教育，这四个部门的出口 GDP 贡献系数各年均位列前五；此外，水利、环境和公共设施管理，公共管理、社会保障和社会组织这两个部门的 GDP 贡献系数也多次位列前五；租赁和商务服务，信息传输、软件和信息技术服务，科学研究和技术服务这三个部门的单位出口 GDP 贡献在个别年度也表现较为突出。

进口 GDP 贡献系数较高的部门主要有信息传输、软件和信息技术服务，交通运输、仓储和邮政，这两个部门的进口 GDP 贡献系数各年均位列前五；金融，批发和零售，文化、体育和娱乐，租赁和商务服务四个部门也都有四个年度位居前五；居民服务、修理和其他服务也在两个年度进入前五。

此外，从表 5 – 15 还可以看到，在贡献系数与贸易占比的一致性方面，高进口 GDP 贡献系数的部门其进口占比也相对较高，而高出口 GDP 贡献系数的部门其出口占比却不尽如人意，往往很低。

出口 GDP 贡献系数各年均位列前五的四个部门中，除了批发零售部门之外、房地产、金融，教育三个部门的出口占比皆不超过3%。房地产部门受到政策限制，历年占比为零，金融部门也只是在 2012 年和 2015 年才开始有 0.07%的出口占比；水利、环境和公共设施管理，公共管理、社会保障和社会组织这两个出口 GDP 贡献系数多次位列前五的部门出口占比也几乎不超过 1%，公共管理、社会保障和社会组织部门的出口占比历年为零。

进口 GDP 贡献系数各年均位列前五的交通运输、仓储和邮政部门进口占比一直稳定在 20%左右，而信息传输、软件和信息技术服务部门的进口占比也在不断提升，如 2010 年升至近 8%；此外，进口 GDP 贡献系数多次位列前五的金融，批发和零售，文化、体育和娱乐，租赁和商务服务等部门的进口占比皆有较好的表现，特别是租赁和商务服务部门的进口贡献系数在 2007 年位列榜首之后，连续多年位列前三，与此同时其进口占比也从 2007 年的不足 1%大幅涨至近 40%。

从 GDP 贡献系数与贸易占比一致性的角度来衡量的话，浙江省服务贸易进口部门结构要优于出口的部门结构。

## 第五节　本章结论与政策启示

本章在对浙江省服务贸易进行概念界定和现状描述性统计分析的基础之上，从供给和需求视角对服务贸易进口、出口影响经济的作用机制进行了全面的分析，并从地区非竞争型投入产出表的纵向、横向关系推导出服务贸易进口、出口对地区 GDP 贡献的测度公式；进而采用浙江省 2002 年、2005 年、2007 年、2010 年、2012 年和 2015 年的非竞争型投入产出表数据对服务进口、出口贸易以及部门服务进口、出口贸易之于浙江省 GDP 的贡献进行了实际的测度。

## 一、本章结论

通过对服务贸易进口、出口影响地区 GDP 的理论机制、测度方法以及测度实践的全面研究，可以得到以下基本结论。

### （一）服务贸易贡献地区 GDP 的作用机制及测算方法

服务进口贸易和服务出口贸易贡献地区 GDP 的作用机制不同。服务进口贸易主要通过增加可供本国使用的服务产品来推动增长，即供给推动型；服务贸易出口则是通过增加对本国服务产品的需求来拉动产出，即需求拉动型。

地区非竞争型投入产出表元素的纵向关联和横向关联分别从供给和需求的角度反映省内产品、省外产品和进口产品之间的投入和产出关系。因此，可以为纯粹地度量服务贸易之于地区 GDP 贡献提供切实可行的方法。

我们从纵向供给关系等式推导服务贸易进口以及部门服务贸易进口产生的 GDP，从横向需求关系等式推导服务贸易出口以及部门服务贸易出口产生的 GDP。据此，定义（部门）服务贸易进口、出口贡献率和（部门）服务贸易进口、出口贡献系数以分别测度（部门）服务贸易进口、出口对 GDP 的贡献度和贡献效益。

### （二）浙江省服务贸易现状及其对 GDP 贡献的测度实践

在浙江省服务贸易 GDP 贡献的测度实践过程中，首先对服务贸易的发展现状进行了描述性统计分析，然后测度部门服务贸易出口对浙江省 GDP 贡献、部门服务贸易进口对浙江省 GDP 贡献，最后对服务贸易进口、出口 GDP 贡献进行了比较分析。

**1. 浙江省服务贸易的发展现状**

从服务贸易规模来看，服务贸易额较低，与货物贸易额相差悬殊，但增速明显高于货物贸易；服务贸易出口额一直高于进口额，服务贸易顺差特征明显，且进口、出口差额呈不断扩大态势；出口的贸易占比明显高于进口的贸易占比，服务贸易出口优势明显。

从服务贸易部门结构来看，运输服务、旅游服务、建筑和相关工程服务等传统服务部门贸易一直较为活跃，计算机和信息服务等新兴服务贸易发展态势良好；传统服务部门仍是服务贸易出口的主要部门，而服务贸易进口的主要份额集中于旅游业和咨询业。

从服务贸易竞争力来看，经历了快速下降到逐步回升，然后稳步上涨的态势；与全国及部分沿海省市相比，浙江省服务贸易竞争力优势明显；服务贸易竞争力行业差异较大，计算机和信息服务、建筑服务是最具竞争优势的服务部门。

**2. 浙江省服务贸易进口 GDP 贡献**

2002 ~ 2015 年，服务贸易进口的 GDP 贡献率较小，处于 0.39% ~ 1.05%，但是服务贸易进口 GDP 贡献率一直保持着持续稳步上涨的态势。与此同时，服务贸易进口 GDP 贡献系数处于 0.2703 ~ 0.4701 区间，从 2010 年开始，服务贸易进口 GDP 贡献系数远大于货物贸易进口 GDP 贡献系数。服务贸易进口 GDP 贡献的潜力和效益不容忽视。

2002 ~ 2015 年，批发和零售，交通运输、仓储和邮政，住宿和餐饮三大传统服务部门的进口 GDP 贡献率呈大幅减弱态势。租赁和商务服务部门已经替代传统服务贸易部门，成为通过进口推动经济增长的主要动力部门。部门进口 GDP 贡献率较高的租赁和商务服务、金融等部门进口占比提升较快，服务贸易进口部门结构日趋合理。

**3. 浙江省服务贸易出口 GDP 贡献**

2002 ~ 2015 年，服务贸易出口的 GDP 贡献率处于 2.59% ~

4.96%区间并保持着稳步上涨的态势，而且服务贸易出口 GDP 贡献率的年均增速远大于货物贸易出口的年均贡献率增速。同时，服务贸易出口 GDP 贡献系数处于 0.7742 ~ 0.8785 区间，且服务贸易出口 GDP 贡献系数一直远大于货物贸易出口 GDP 贡献系数。服务贸易的出口在推动浙江省经济发展过程中的作用开始日益凸显。

2002 ~ 2015 年，信息传输、软件和信息技术服务、租赁和商务服务出口 GDP 贡献率上升明显，近期贡献率已经超越部分传统服务部门，成为浙江省服务贸易出口 GDP 贡献的主要力量；文化、体育、娱乐、教育服务贸易出口 GDP 贡献优势也开始显现；部门出口 GDP 贡献率较高的金融、教育等部门出口占比较低，出口贸易结构有待提升。

**4. 浙江省服务贸易进口 GDP 贡献和出口 GDP 贡献的比较**

就 GDP 贡献率和 GDP 贡献系数来看，服务贸易出口之于 GDP 的贡献率一直远大于服务贸易进口之于 GDP 的贡献；单位出口产生的 GDP 也要远大于单位进口产生的 GDP。服务贸易出口对 GDP 的贡献无论在大小还是效益上皆优于服务贸易进口。

就部门 GDP 贡献系数与贸易占比一致性来看，高进口 GDP 贡献系数的部门其进口占比也相对较高，而高出口 GDP 贡献系数的部门其出口占比却较低，浙江省服务贸易进口部门结构要优于出口的部门结构。

## 二、政策启示

对于浙江省“十三五”发展来说，优化产业结构是重中之重。加快发展国际服务贸易，对带动浙江省经济产业结构调整、促进经济增长方式转变具有重要意义。立足于服务贸易对浙江省 GDP 贡献的测度结果，并结合浙江省服务贸易发展的现状，提出以下几点政策建议。

## （一）调整服务贸易产业结构，扩大浙江省服务贸易规模

尽管近年来浙江省服务贸易进口、出口贸易额呈逐年上升趋势，但与上海、深圳等地区相比，发展程度还相对较弱。为了充分发挥服务贸易进口、出口对经济增长的促进作用，必须加快调整服务贸易产业结构，积极开拓国际市场，参与全球贸易链交易，带动浙江省服务贸易进出口的规模。

### 1. 加快实施服务贸易“走出去”战略

浙江省服务贸易出口GDP贡献的测算结果显示服务贸易出口对浙江省经济增长的促进作用较为明显，但在服务贸易出口结构上存在不合理的问题，故应该调整服务贸易出口结构，加快实施服务贸易“走出去”战略。目前浙江省服务贸易部门出口中对经济增长贡献率较大的部门有批发和零售，租赁和商务服务，信息传输、软件和信息技术服务，交通运输、仓储和邮政等服务贸易部门。大数据、云计算、物联网以及移动网等一系列新概念与新技术的诞生，使得信息服务、商务服务等产业蓬勃发展。浙江省拥有首个经国务院批准建立的跨境电子商务试点城市杭州，应凭借阿里巴巴的电商资源优势，培育竞争新优势。政府应重点发展这些服务贸易部门，实施服务贸易“走出去”战略，鼓励有比较优势的企业对外投资，带动服务贸易的出口规模，通过服务贸易出口创汇获得经济收益；鼓励服务贸易出口企业创新，制定一些对重点服务贸易企业的激励政策，同时给予它们相应的补贴等，逐步建立完善国际化发展布局，实现浙江省服务贸易的国际化发展。

### 2. 大力实施服务贸易“引进来”政策

浙江省服务贸易进口GDP贡献的测算结果显示服务贸易进口虽不及出口对经济增长的促进作用，但服务贸易进口GDP贡献的潜力和效益不容忽视，故应该大力实施服务贸易“引进来”

政策。服务贸易部门进口对经济增长贡献率较大的部门有租赁和商务服务，批发和零售，交通运输、仓储和邮政等，因此浙江省在发展服务贸易进口时应重点发展这些部门，从而达到促进经济增长的目的。总的来说，既要大力鼓励出口贡献率较大的服务部门出口，又不能过多限制服务进口，要加快调整服务各部门进出口比例，推动进口贡献率较大的服务部门加快进口，优化服务贸易产业结构，大力发展对国民经济和社会贡献大的各类服务贸易。

### （二）改变外贸增长方式，推动贸易新发展

要顺应国际服务贸易快速发展的新趋势，大力发展交通运输、仓储和邮政，信息传输、软件和信息技术服务，咨询，金融，保险，教育等领域的服务贸易。要继续发展劳动密集型与资源密集型的优势传统服务贸易，大力发展资本、知识与技术密集型等新兴服务贸易，提高浙江省服务贸易附加值。此外，要建立新的国际服务贸易产业园，培育和发展高新产业，增加服务贸易业之间的合作与交流，协调货物贸易和服务贸易，切实推动和引领全省服务外包的发展。要充分利用浙江省专业技术优势，全面推进服务业技术以及效率的提升，完善信息基础建设，促进互联网时代信息服务乃至整个服务行业的优质发展。

### （三）完善服务贸易法律法规，营造良好的发展环境

在国际贸易迅猛发展的当今，浙江省在关于服务贸易的法律制度和相关的市场氛围上有一定的改善，但在服务贸易分部门上仍欠缺具体有效的法律制度。因此，浙江省应以改革开放为契机，抓住 G20 顺利召开的机遇，推动峰会国家之间的服务贸易行业交流。2022 年亚运会即将召开，浙江省服务贸易将迎来巨大的机遇，各地区应把握这一机遇，发展适合自身发展水平的有地

方特色的旅游、房产、金融等服务，如宣传文化旅游与主题旅游，同时可针对亚运会期间一些特殊的消费需求，开发出与之相对应的服务项目。另外，应尽快出台一系列既要符合浙江省发展实际，又不违背《服务贸易总协定》和世贸组织的政策，实现浙江省服务贸易的制度化、规范化和政策的透明化，以推进服务贸易 GDP 贡献的最大化。浙江省政府应通过财政支出等金融手段，加大对科技研发的倾斜力度，不断加大科技创新在服务领域的应用，以现代化的技术装备改善省内的服务手段，提高全省服务贸易的发展质量与效益，在量的提升上实现质的飞跃。

# 第六章　研究结论与展望

## 一、研究结论

本书在对贸易影响经济增长以及服务贸易影响经济增长的研究方法进行系统梳理和评析的基础上，采用投入产出分析法定量测度进口、出口以及部门进口、出口对中国 GDP 的贡献，并将该测度体系拓展到服务贸易对于地区 GDP 影响的研究之中，对服务贸易之于浙江省 GDP 的贡献开展测算实践。综观全书的研究方法和实证结果，主要研究结论体现在以下三个方面。

（1）从投入和产出视角来看，（服务）贸易贡献 GDP 的作用机制主要为：（服务）进口贸易主要通过增加可供本国使用的（服务）产品来推动增长，即供给推动型；（服务）出口贸易则是通过增加对本国（服务）产品的需求来拉动产出，即需求拉动型。简言之，进口和出口分别通过供给推动力和需求拉动力来贡献 GDP。

对进口产品进行了分离的非竞争型投入产出表可以用来纯粹地测度国内进口或出口贸易对于 GDP 的贡献。具体地，可以从非竞争型投入产出表横向需求角度构建等式来探究贸易出口之于 GDP 贡献的测度方法；也可以从非竞争型投入产出表纵向供给角度构建等式来探究贸易进口之于 GDP 贡献的测度方法。基于同样的测算思路，可以运用地区非竞争型投入产出表度量服务贸易之于地区 GDP 的贡献。

（2）贸易对中国 GDP 贡献的测度结果显示：2002 年、2005 年、2007 年、2010 年、2012 年和 2015 年的进口 GDP 贡献率分别为 11.08%、15.14%、13.59%、12.85%、12.31% 和 9.89%，同期的出口 GDP 贡献率分别为 18.24%、23.83%、24.53%、19.59%、18.39% 和 16.69%；进口 GDP 贡献系数分别是 0.5015、0.4599、0.4886、0.5111、0.5419 和 0.5373，出口 GDP 贡献系数分别为 0.8356、0.7754、0.7863、0.7984、0.8088 和 0.8413。出口对于 GDP 的贡献无论在大小还是效益方面均要高于进口对于 GDP 的贡献。

部门贸易 GDP 贡献的测度结果显示：出口 GDP 贡献率较高的部门为通信设备、计算机及其他电子设备制造业，服装皮革羽绒及其制品业，纺织业和化学工业等传统制造业部门，服务部门的出口 GDP 贡献率普遍偏低。高出口 GDP 贡献系数部门为农业和服务业中的房地产业、教育事业、金融保险业与批发和零售；部门进口 GDP 贡献率较高的部门主要集中在化学工业，石油和天然气开采业，以及通信设备、计算机及其他电子设备制造业等传统制造业部门，服务部门的进口 GDP 贡献率也普遍偏低。高进口 GDP 贡献系数部门主要集中在第二产业，且贡献系数普遍变化不大，而农业和服务业的进口 GDP 贡献系数大都较低；就贸易部门结构来看，我国的进口贸易结构优于出口贸易结构。

（3）服务贸易对浙江省 GDP 贡献的测度结果显示：2002 年、2005 年、2007 年、2010 年、2012 年和 2015 年服务贸易进口对于浙江省 GDP 的贡献率分别为 0.39%、0.43%、0.52%、0.91%、1.06% 和 1.05%，同期的服务贸易出口 GDP 贡献率分别为 2.59%、3.07%、2.15%、2.13%、4.22% 和 4.96%。服务贸易进口 GDP 贡献系数分别是 0.3185、0.2703、0.2880、0.4701、0.4246 和 0.4687，服务贸易出口 GDP 贡献系数分别为

0.8718、0.8316、0.8095、0.7742、0.8375 和 0.8785。从测算结果来看，服务贸易进口和出口对于浙江省 GDP 的贡献都较低，但相比较而言，服务贸易出口对于浙江省 GDP 的贡献无论在大小还是效益方面均要高于服务贸易进口对于浙江省 GDP 的贡献。

服务部门贸易 GDP 贡献的测度结果显示：批发和零售，交通运输、仓储和邮政，租赁和商务服务，教育部门在进口和出口贸易 GDP 贡献率上皆具有部门优势，而信息传输、软件和信息技术服务部门是出口 GDP 贡献优势部门，金融部门、文化、体育和娱乐部门则在进口 GDP 贡献方面有部门比较优势；在贡献系数方面，出口 GDP 贡献系数较高的部门有房地产、批发和零售、金融、教育四个部门，进口 GDP 贡献系数较高的部门是信息传输、软件和信息技术服务，交通运输、仓储和邮政，这两个部门的进口 GDP 贡献系数各年均位列前五。

## 二、研究展望

展望未来，尚需要进一步研究的主要问题有以下两个方面。

第一，非竞争型投入产出表的编制是准确测算贸易之于 GDP 贡献的关键步骤，现有基于一致性原则推断非竞争型投入产出表中元素的方式是在无法获取分项原始数据情况下的无奈之举。那么如何获取或者推算非竞争型投入产出表数据将是未来研究的一个重要课题。

第二，本书将贸易之于 GDP 贡献的测算框架应用于服务贸易之于浙江省 GDP 贡献的测算实践，仅起抛砖引玉之用。那么，其更广泛的实践应用也将成为未来的研究方向。

# 参考文献


[1] 曹标，廖利兵. 服务贸易结构与经济增长［J］. 世界经济研究，2014（1）.

[2] 陈进，孙妮，汪菲. 京沪服务贸易竞争力对比分析［J］. 商业时代，2013（9）.

[3] 陈锡康. 中国 1995 年对外贸易投入产出表及其应用［A］. 许宪春，刘起运. 2001 年中国投入产出理论与实践［C］. 北京：中国统计出版社，2002.

[4] 陈宪，殷凤. 服务贸易：国际特征与中国竞争力［J］. 财贸经济，2008（1）.

[5] 陈艳欣. 我国服务贸易出口对 GDP 的贡献［D］. 西南财经大学，2009.

[6] 陈怡，沈利生. 我国服务贸易出口贡献率分析：基于 1997 年投入产出表的计算［J］. 数量经济技术经济研究，2006（11）.

[7] 程大中. 中国服务贸易显性比较优势的定量分析［J］. 上海经济研究，2003（5）.

[8] 程大中. 中国生产性服务业的水平、结构 及影响：基于投入产出法的国际比较研究［J］. 经济研究，2008（1）.

[9] 程大中，郑乐凯，魏如青. 全球价值链视角下的中国服务贸易竞争力再评估［J］. 世界经济研究，2017（5）.

[10] 成卓，王旭刚. 国际贸易结构及对经济贡献的跨国比较：基于 OECD 非竞争型投入产出表的分析［J］. 技术经济与

管理研究，2010（S1）.

[11] 丁正良，纪成君. 基于 VAR 模型的中国进口、出口、实际汇率与经济增长的实证研究 [J]. 国际贸易问题，2014（12）.

[12] 范明. 浙江服务贸易比较优势测度及竞争战略研究：以浙江、上海比较测度指数为模型 [J]. 生产力研究，2014（3）.

[13] 高传胜，李善同. 中国服务业：短处、突破方向与政策着力点：基于中、美、日、德四国投入产出数据的比较分析 [J]. 中国软科学，2008（2）.

[14] 葛明. 中国服务贸易进口对经济增长的影响研究 [D]. 西南财经大学，2010.

[15] 韩振国，王伶利. 我国服务贸易出口对经济增长的影响研究：基于 1985－2006 年时序数据的实证分析 [J]. 国际贸易问题，2009（3）.

[16] 胡日东，苏志芳. 中国服务贸易与 GDP 关系的实证分析 [J]. 中国流通经济，2005（12）.

[17] 胡勇. 服务贸易对浙江经济增长影响的实证分析 [J]. 亚太经济，2008（6）.

[18] 黄毅. 四川省服务贸易竞争力的分析 [J]. 国际贸易问题，2012（1）.

[19] 贾金思. 论外贸进出口对经济增长的作用 [J]. 财贸经济，1998（6）.

[20] 焦俊会，任桂仙. 进口对 GDP 及其增长的贡献分析 [A]. 许宪春，刘起运. 2001 年中国投入产出理论与实践 [C]. 北京：中国统计出版社，2002.

[21] 巨岩. 中国服务贸易结构与竞争力：基于技术构成的分析 [D]. 天津财经大学，2010.

[22] 林毅夫，李永军. 对外贸易与经济增长关系的再考察

[Z]. 北京：北京大学中国经济研究中心，2001.

[23] 李军. 进出口对经济增长贡献度的测度理论分析 [J]. 数量经济技术经济研究，2008 (9).

[24] 李开捷. 我国运输服务贸易对经济增长的贡献度研究 [D]. 大连海事大学，2009.

[25] 李平，梁俊启，LIANG Jun-qi. 我国不同部门服务贸易对经济增长的影响 [J]. 国际贸易问题，2007 (12).

[26] 刘碧云，张家峰，周晓琛. 江苏省对外贸易与经济增长的关系：基于投入产出方法的研究 [J]. 国际贸易问题，2008 (9).

[27] 刘莉君，吴婧，赵立华. 我国进出口贸易与经济增长间的误差修正模型 [J]. 湖南科技大学学报 (社会科学版)，2008 (3).

[28] 刘宏，梁文化. 北京市服务贸易竞争力指数比较及影响因素的实证研究 [J]. 国际商务 (对外经济贸易大学学报)，2017 (1).

[29] 吕海霞. 基于协整回归模型的我国贸易结构与经济增长关系研究 [J]. 商业经济研究，2015 (13).

[30] 吕世平，范蕾. 中国服务贸易国际竞争力的比较分析 [J]. 国际贸易，2006 (2).

[31] 马章良. 中国进出口贸易对经济增长方式转变的影响分析 [J]. 国际贸易问题，2012 (4).

[32] 欧考纳，亨利. 投入产出分析及其应用 [M]. 赵纯均，译. 北京：清华大学出版社，1984.

[33] 潘爱民. 中国服务贸易开放与经济增长的长期均衡与短期波动研究 [J]. 国际贸易问题，2006 (2).

[34] 齐舒畅，王飞，张亚雄. 我国非竞争型投入产出表编制及其应用分析 [J]. 统计研究，2008，(5).

[35] 漆彤. WTO与中国开放金融服务贸易市场的法律问题[J]. 经济法论丛, 2001 (2).

[36] 邱璐轶, 汪娟. 国际服务贸易对浙江省经济增长的贡献分析 [J]. 价格月刊, 2012 (2).

[37] 尚涛, 郭根龙, 冯宗宪. 我国服务贸易自由化与经济增长的关系研究: 基于脉冲响应函数方法的分析 [J]. 国际贸易问题, 2007 (8).

[38] 沈利生. "三驾马车"的拉动作用评估 [J]. 数量经济技术经济研究, 2009 (4).

[39] 沈利生. 重新审视传统的影响力系数公式: 评影响力系数公式的两个缺陷 [J]. 数量经济技术经济研究, 2010 (2).

[40] 沈利生, 吴振宇. 出口对中国GDP增长的贡献: 基于投入产出表的实证分析 [J]. 经济研究, 2003 (11).

[41] 沈利生, 吴振宇. 外贸对经济增长贡献的定量分析 [J]. 吉林大学社会科学学报, 2004 (4).

[42] 孙楚仁, 沈玉良, 赵红军. 加工贸易和其他贸易对经济增长贡献率的估计 [J]. 世界经济研究, 2006 (3).

[43] 孙敬水, 龚江洪. 进出口对浙江经济增长拉动作用的实证研究 [J]. 财经论丛, 2006 (2).

[44] 孙茂辉. 服务贸易对澳门经济增长贡献的实证分析 [J]. 世界经济研究, 2005 (1).

[45] 谭小芬. 中国服务贸易竞争力的国际比较 [J]. 经济评论, 2003 (2).

[46] 唐保庆, 黄繁华. 国际贸易结构对经济增长的影响路径研究: 基于货物贸易与服务贸易的比较分析 [J]. 世界经济研究, 2008 (9).

[47] [美] 瓦西里·列昂惕夫. 美国经济制度中投入产出

的数量关系［J］．经济与统计评论，1936（8）．

［48］［美］瓦西里·列昂惕夫．投入产出经济学［M］．崔书香，潘省初，解鸿光译．北京：中国统计出版社，1990．

［49］汪素芹．国际服务贸易［M］．北京：机械工业出版社，2007．

［50］王珏帅．我国各省份对外开放与经济增长关系的门槛效应研究［J］．当代经济科学，2018（1）．

［51］王磊．对外贸易对中国经济增长影响的实证分析：基于1997－2007年中国进出口非竞争型投入产出分析表［J］．山西财经大学学报，2013（1）．

［52］王秋红，赵乔．我国服务贸易结构与经济增长的关系研究：基于规律与启示［J］．商业经济研究，2017（6）．

［53］王森．我国进出口贸易与经济增长关系的分析［J］．经济问题，2010（2）．

［54］王绍媛．服务贸易对中国经济增长的贡献分析［J］．国际经贸探索，2010（5）．

［55］王晓林，索塞洛．服务贸易与我国经济增长关系的实证分析［J］．云南财贸学院学报（社会科学版），2006（5）．

［56］危旭芳，郑志国．服务贸易对我国GDP增长贡献的实证研究［J］．财贸经济，2004（3）．

［57］魏苗月．中国、美国与印度服务贸易竞争力比较分析［D］．海南大学，2015．

［58］温思美，庄丽娟，贺梅英．对服务出口促进经济增长假说的进一步检验［J］．山西财经大学学报，2008（5）．

［59］夏明，张红霞编著，刘起运审校．投出产出分析理论、方法与数据［J］．北京：中国人民大学出版社，2013．

［60］解守红，甘晨．长三角城市群对外开放与经济增长的实证分析［J］．浙江师范大学学报（社会科学版），2017（3）．

[61] 熊启泉，张琰光. 中国服务贸易对经济增长的贡献：基于 1982 - 2006 年数据的实证分析 [J]. 世界经济研究，2008 (11).

[62] 徐光耀，孔庆峰. 我国服务贸易与经济发展——基于行业面板数据的分析 [J]. 中央财经大学学报，2008 (9).

[63] 徐久香，方齐云. 基于非竞争型投入产出表的我国出口增加值核算 [J]. 国际贸易问题，2013 (11).

[64] 许亦平. 国际贸易与我国经济发展的投入产出分析 [D]. 中国科学院，2000.

[65] 姚丽芳. 对外贸易对我国经济增长的贡献分析 [J]. 统计研究，2001 (9).

[66] 姚星. 服务贸易促进经济增长的机制研究 [D]. 西南财经大学，2009.

[67] 杨丽，徐婷. 我国适度增加服务贸易进口之见解：基于服务贸易额与 GDP 总量和增长率的计量分析 [J]. 现代财经 (天津财经大学学报)，2011 (12).

[68] 杨松. 基于 VEC 模型的江苏省对外贸易与经济增长的实证分析 [J]. 数学的实践与认识，2014 (11).

[69] 尹晓波，钟小英，洪鑫. 服务贸易对海峡两岸经济增长贡献度实证研究 [J]. 华侨大学学报，2013 (4).

[70] 尹忠明，姚星. 中国服务贸易结构与经济增长的交互影响研究 [C]. 国际服务贸易评论，2008.

[71] 易行健，袁申国，戴艳娟. 外贸对广东经济增长与 GDP 形成的贡献测算：2001 - 2012 [J]. 华南师范大学学报 (社会科学版)，2014 (8).

[72] 余妙志. 服务贸易进出口与经济增长关系的实证分析：以浙江为例 [J]. 经济问题，2010 (7).

[73] 曾慧琴. 服务贸易对服务业和经济增长的影响研究——

基于 OECD 国家面板协整检验的实证分析 [J]. 开发研究，2009 (4).

[74] 张斌涛，肖辉，陈寰琦. 基于中国省级面板数据的服务业开放“经济增长效应”的经验研究 [J]. 国际商务（对外经济贸易大学学报），2017 (03).

[75] 张芳. “三驾马车”对国内经济拉动作用的再评估：基于针对加工贸易的非竞争型投入产出模型 [J]. 统计与信息论坛，2011 (6).

[76] 张世晴，陈文政. 进出口总额与 GDP 增长的联动关系：基于 1978 - 2007 年数据的分析 [J]. 财经科学，2009 (12).

[77] 张艳，于立新，孟翡. 促进我国服务贸易与货物贸易协调发展的路径研究——基于浙江省经验的实证分析 [J]. 财贸经济，2015 (1) .

[78] 郑吉昌，夏晴. 服务业、服务贸易与区域竞争力 [M]. 浙江：浙江大学出版社，2004.

[79] 郑辉. 服务贸易与经济增长研究 [D]. 暨南大学，2009.

[80] 钟契夫，陈锡康，刘起运编著. 投入产出分析 [M]. 北京：中国财政经济出版社，1993.

[81] Atan S, Arslanturk Y. Tourism and Economic Growth Nexus: An Input Output Analysis in Turkey [J]. Procedia-Social and Behavioral Sciences, 2012 (62).

[82] Balassa B. Exports and Economic Growth: Further Evidence [J]. Journal of Development Economics, 1978 (5).

[83] Barro Robert J, Sala-I-Martin Xarier. Economic Growth [M]. New York: McGraw-Hill, 1995.

[84] Bhagwati J N. The Pure Theory of International Trade: A

Survey [J]. The Economy Journal, 1964 (74).

[85] Bordo M D, Rousseau P L. Historical Evidence on the Finance Trade-Growth Nexus [J]. Journal of Banking & Finance, 2011, 36 (4).

[86] Brown D, Stern R. Measurement and Modeling of the Economic Effect of Trade and Investment Barriers in Services [J]. Review of International Economics, 2001, 9 (2).

[87] Carr D L, Markusen J R, Maskus K E. Estimating the Knowledge-Capital Model of the Multinational Enterprise [J]. American Economic Review, 2001 (91).

[88] Dash R K, Parida P C, et al. Services Trade and Economic Growth in India: An Analysis in the Post-Reform Period [J]. International Journal of Economics & Business Research, 2012, 4 (3).

[89] Dixit A, Norman V. Theory of International Trade [M]. Cambridge, Cambridge University Press.

[90] El Khoury A C. The Effect of Globalization of Trade in Services on Economic Growth: A Simultaneous Econometric Analysis [D]. Oklahoma State University, 2004.

[91] Feder G. On Exports and Economic Growth [J]. Journal of Development Economics, 1982 (12).

[92] Frankel Jeffrey A, Romer David. Does Trade Cause Growth [J]. The American Economic Review, 1999, 89 (3).

[93] Frcancois J F. Trade in Producer Services and Returns Due to Specialization under Monopolistic Competition [J]. The Canadian Journal of Ecomomics, 1990, 23 (1).

[94] Francois J F, Reinert K. The Role of Services in the Structure of Production and Trade: Stylized Facts from a Cross-Country Analysis [C]. C. E. P. R. Discussion Papers, 1995.

[95] Francois J F, Schuknecht L. International Trade in Financial Services, Competition, and Growth Performance [J]. Ssrn Electronic Journal, 2000.

[96] Gabriele A. Exports of Services, Exports of Goods, and Economic Growth in Developing Countries [J]. Journal of Economic Integration, 2006, 21 (2).

[97] Grossman G, Helpman E. Comparative Advantage and Long-Run Growth [J]. The American Economic Review, 1990, 80 (3).

[98] Hapsari I M, Maclaren D. The Growth Effects of Services Trade Liberalization in Asean [J]. Asean Economic Bulletin, 2012, 29 (2).

[99] Helpman E, Krugman P R. Market Structure and Foreign Trade: Increasing Returns, Imperfect Competition, and the international Economy [M]. Cambridge, MA: MIT Press.

[100] Imad A Moosa, Chongwoo Choe. Is the Korean Economy Export Driven? [J]. Economic Modeling, 1998 (8).

[101] Jim Love, Ramesh Chandra. Testing Export Led Growth in Bangladesh in a Multivariate VAR Framework [J]. Journal of Asian Economics, 2005 (9).

[102] John Thornt. Cointegration, Causality and Export Led Growth in Mexico (1895 - 1992) [J]. Economics Letters, 1996 (3).

[103] Jong H P, People B P. Export Performance and Growth in China [J]. Applied Economics, 1997 (29).

[104] Jordan Shan, Fiona Sun. On the Export-Led Growth Hypothesis: the Economics Evidence from China [J]. Applied Economics, 1998 (30).

［105］ Krugman P. Increasing Return, Monopolistic Competition and international Trade ［J］. Journal of International Ecomomics, 1979 (9) .

［106］ Konan D, Maskus K. Quantifying the Impact of Services Liberalization in a Developing Country ［J］. Journal of Development Economics, 2006 (81).

［107］ Law S H, Azman-Saini W N, Wilbraham M H. Institutional Quality Thresholds and the Finance-Growth Nexus ［J］. Journal of Banking & Finance, 2013 (37).

［108］ Lee C C, Chang C P. Tourism Development and Economic Growth: A Closer Look at Panels ［J］. Tourism Management, 2008, 29 (1).

［109］ Markusen J R. Explaining the Volume of Trade: An Eclectic Approach ［J］. American Economic Review, 1986 (76).

［110］ Markusen J T. Trade in Producer Services and in Other Specialized Intermediate input ［J］. The American Economic Review, 1989, 79 (1).

［111］ Markusen J T, Rutherford D T. Trade and Direct Investment in Producer Services and the Domestic Market for Expertise ［J］. Canadian Journal of Economics, 2005 (3).

［112］ Mattoo A, Rathindran R, Subramanian A. Measuring Services Trade Liberalization and Its Impact on Economic Growth ［J］. Journal of Economic Integration, 2006 (1).

［113］ Muhanmmed N I. Export Expansion and Economic Growth: Testing for Cointegration Causality ［J］. Applied Economics, 1998 (30).

［114］ Qiuyan LI, Huang Q. The Empirical Study on the Relationship of Financial Service Trade and Economic Growth of Fujian

Province [J]. Journal of Sanming University, 2016 (6).

[115] Ramkishen S Rajan. International Trade in Services in Selected ASEAN Countries Telecommunication and Finance [R]. ISEAS Working paper, 2002.

[116] Robinson S, Zhi Wang, Martin W. Capturing the Implications of Services Trade Liberalization [J]. Economic Systems Research, 2002 (14).

[117] Robertson D H. The Future of International Trade [J]. The Economic Journal, 1937 (1).

[118] Singer H W. The Distribution of Gains between Investing and Borrowing Countries [J]. The America Economic Review, 1950, 40 (2).

[119] Sherman Robinson, Zhi Wang, Will Martin. Capturing the Implications of Services Trade Liberalization [J]. Economic Systems Research, 2002, 14 (1).

[120] Subhash C Sharma, Dharmendra Dhakal. Causal Analyses between Export and Economic Growth in Developing Countries [J]. Applied Economics, 1994 (26).

[121] Troy Lorde, Brian Francis, Lisa Drakes. Tourism Services Exports and Economic Growth in Barbados [J]. International Trade Journal, 2011, 25 (2).

[122] Whalley J. Assessing the Benefits to Developing Countries of Liberalization in Services Trade [J]. World Economy, 2004, 27 (8).

# 后　记

正是仲夏时节，骄阳似火。书桌上还沁着淡墨香味的书稿，勾起我回忆，昔日找资料、查数据、调程序、写文本、凝观点……研究场景历历在目。如今，欣慰之余，全是感谢。

感谢研究生刘凡同学承担了部分数据的收集和整理工作，感谢研究生洪祺超同学对第四章实证分析部分的初稿撰写工作，你们的参与让我信心倍增！

感谢先生一如既往地给予我理解与关爱，你的鼓励一直是我前进的最大动力！感谢乖巧的女儿，你的陪伴为我紧张的科研时光增添了无穷的乐趣！

本书能够顺利出版得到了经济科学出版社领导和员工们的大力支持，特别感谢崔新艳编辑的辛勤工作。同时感谢国家统计局2012投入产出研究课题（I012-ZC55）、浙江省2012年投入产出模型应用研究课题、浙江省统计局2017年学术类重点研究课题以及浙江省一流学科A类（浙江工商大学统计学）的资助。

“路漫漫其修远兮，吾将上下而求索”，本书既是我研究工作的一个阶段性总结，又将成为新的研究起点，不断鞭策我进步，去攀登新的高峰。

**曾　慧**

2019年7月于杭州